学校课程变革新取向丛书　杨四耕 主编

扎根性变革
学校课程发展的文化路径

孙文倩 ◎ 主编

华东师范大学出版社
·上海·

图书在版编目(CIP)数据

扎根性变革:学校课程发展的文化路径/孙文倩主编.—上海:华东师范大学出版社,2023
(学校课程变革新取向丛书)
ISBN 978-7-5760-3912-2

Ⅰ.①扎… Ⅱ.①孙… Ⅲ.①小学-课程改革-教学研究 Ⅳ.①G622.3

中国国家版本馆 CIP 数据核字(2023)第 157077 号

学校课程变革新取向丛书
扎根性变革:学校课程发展的文化路径

丛书主编　杨四耕
主　　编　孙文倩
责任编辑　刘　佳
项目编辑　林青荻
特约审读　朱晓韵
责任校对　张佳妮　陈成江
装帧设计　卢晓红

出版发行　华东师范大学出版社
社　　址　上海市中山北路3663号　邮编 200062
网　　址　www.ecnupress.com.cn
电　　话　021-60821666　行政传真 021-62572105
客服电话　021-62865537　门市(邮购)电话 021-62869887
地　　址　上海市中山北路3663号华东师范大学校内先锋路口
网　　店　http://hdsdcbs.tmall.com

印 刷 者　杭州名典古籍印务有限公司
开　　本　787毫米×1092毫米　1/16
印　　张　13.75
字　　数　130千字
版　　次　2023年9月第1版
印　　次　2023年9月第1次
书　　号　ISBN 978-7-5760-3912-2
定　　价　46.00元

出 版 人　王　焰

(如发现本版图书有印订质量问题,请寄回本社客服中心调换或电话 021-62865537 联系)

编委会

主　编：孙文倩

成　员：李露舒　郭丹娜　林巧丽　古丽敏　詹凤龄　陈晓琳　陈菲菲
　　　　雷旭君　秦亨健　周春娇　凌康娣　夏　燕　徐锦文　罗建洪
　　　　秦启星　冯明冰　李　青

丛书总序

如何面对复杂的情境脉络和实践场景，是课程研究绕不开的话题。学校课程变革在理念上应具有深刻的文化性，在目标上应具有鲜明的育人性，在内容上应具有鲜活的生成性，在实施上应具有方式的多维性。课程探究需要整合的方法论视角，要合理地解释和说明学校课程变革，实证的因果分析和诠释的人文理解都是不可或缺的。回到课程实践现场，扎根课程变革场景，是课程研究的智慧。

第一，场景的实在性与研究的主位性。学校课程变革场景具有实在性，其实在性是在诸多课程实践因素及其相互关联中实现的。因此，作为课程研究最直接的现场，场景无需进行抽象的本体论还原，研究者便可以进入主位研究状态，便可以从参与者角度去探讨课程实践及其内蕴的理论。所谓主位研究状态，按照人类学家马文·哈里斯的观点[1]，就是以参与者的观念为基础，以课程实践者的描述和分析为标准，检验研究者的主位分析的恰当程度，主要是看研究者的专业意见在什么程度上能让实践者感觉有价值、能推动课程品质的提升。课程研究的目的不是从主位研究转换为客位研究，或是从客位研究转换为主位研究，而是实现这两种研究的互释。

第二，场景的整体性与研究的行动性。学校课程变革场景是特定行动所构成的具体情景，它从时空统一上整合了主体与客体、理论与经验、显性与隐性等要素，并通过它们的有序结构构筑了课程变革场景的整体意义。只有将课程研究放在具体实践场景之中考察，立足过程思维，秉持整体观照，才能凸显课程研究的实践立场。进入了课程所发生的场景，课程研究才有可能真正发生，才能够带来理论与实践共赢的整体效果。课程研究在本质上是一种反思性实践，是主动且持续地审视理论、信念和假设的过程，是对场景的整体性理解和行动性体认，其目的是理解实践、改进实践和提升实践。

第三，场景的情境性与研究的叙事性。学校课程变革场景具有鲜明的情境性，课程探究不能脱离具体的学校情境。为此，施瓦布曾提出旨在实现理论与实践融合的实践课程观，倡导课程开发与具体实践情境相联系。[2] 从研究方法角度来说，叙事研究

---

[1] （美）马文·哈里斯.文化唯物主义[M].张海洋，王曼萍，译.北京：华夏出版社，1989：37.
[2] 史学正，徐来群.施瓦布的课程理论述评[J].外国教育研究，2005（1）：68—70.

是直面鲜活的课程变革的一种研究方式。通过叙事研究,课程研究能够摆脱概念体系的束缚,从而走向更具活力、更具情境适应性的方法论领域。任何一项课程研究,如果不能进入特定的课程场景,都是无法揭示课程行动的真实含义的。

第四,场景的问题性与研究的对话性。课程是一个永远都不会完美的存在,这预示着场景是具有问题结构的存在。面对特定场景,课程研究是问题牵引的,是参与性的,是田野的。课程研究必须直面真实问题,既关涉理论,又关涉实践,二者在互动中实现融合。在特定场景中,理论与实践是双向融通的,具有对话属性。

第五,场景的特定性与研究的扎根性。课程探究总是处于具体场景之中的,总是由特定时空所确证的,场景的特定性展现了课程研究的扎根性需求。法国社会学家布迪厄指出:实践与理论的一个重要差别就是实践具有紧迫性,行动者需要"把身体置于一个能够引起与其相关联的感情和思想的总体处境之中,置于身体的一种感应状态之中",迅速做出决策。[①] 在特定场景中,研究者以置身其中的姿态思考实践、言说实践、参与实践,洞察课程发生的情境与脉络,在课程现场中进行意见分享、经验概括和理论提炼。秉持扎根研究的态度就是要基于对课程实践的理解,建立适用于特定场景的意见或理论,并反哺课程实践本身。

总之,富有实践感的课程探究,在本体论层面,总是将课程研究主客体都视为在以行动事件或经验事实为核心的场景中互动关联的存在;在方法论层面,总是将现象的与意向的、情境的与规律的等说明与解释都整合到特定场景之中,融合各种方法论的优势解决课程实践问题。

"学校课程变革新取向丛书"彰显了这样一个道理:课程研究的重点是深刻理解特定情境和条件下的课程实践本身,而不是理论推导和逻辑演绎。课程研究并不神秘,我们每一个人都是局内人,每一所学校、每一位教师都是课程研究者和创造者。

杨四耕
2023 年 1 月 15 日于上海市教育科学研究院

---

① (法)皮埃尔·布迪厄.实践感[M].蒋梓骅,译.南京:译林出版社,2012:98.

目 录

总论 让课程变革扎根学校文化情境 　　　　　　　　　　1

第一章 大美语文：心灵回响的语文 　　　　　　　　　　39

苏霍姆林斯基说："没有一条富有诗意的感情和审美的清泉,就不可能有儿童全面的能力发展。"语文的美就是一切存在于语文之中的,有育人价值的艺术形式和内容。让孩子在对话中体验人生的种种况味,激发孩子的情感渴望,点燃孩子的心灵火花,让语文成为孩子生命成长的心灵鸡汤和精神元素。如此,语文本身就是自由精神的载体,学习语文的过程就是儿童感悟并舒展自由精神的过程。

　　第一节　提高儿童审美情趣的语文 　　　　　　　　41
　　第二节　用语文思维培育核心素养 　　　　　　　　44
　　第三节　在思辨中感悟语文魅力 　　　　　　　　　74
　　第四节　开阔视野的语文学习活动 　　　　　　　　77

第二章 智趣数学：让学习充满智性的快乐 　　　　　　　91

数学是描述自然的语言,是打开科学大门的钥匙。在数学的字里行间充满着和谐的韵律,描绘着抽象的彩虹,闪烁着人类智慧的火花。在数学天地里,重要的不是我们知道什么,而是我们怎么知道什么。因此,"智趣数学"注重的是思维的转动和智慧的开启,让儿童感受智性的快乐和逻辑的深邃。

　　第一节　让儿童感受智性的快乐 　　　　　　　　　93

第二节　用数学点燃思维的火花　　　　　　　　　　　95
　　第三节　富含智慧牵引力的数学生活　　　　　　　　102
　　第四节　寓学于趣的数学学习过程　　　　　　　　　105

第三章　宽英语：描述世界的多样方式　　　　　　　　　115

　　多掌握一门语言，就多一种描述世界的方式。世界是多样的，文化和生活也是多样的，孩子们在"宽英语"中能感知不同民族的文化与生活。通过"宽英语课堂""宽英语课程""宽英语节日""宽英语社团""宽英语赛事"的建设，孩子们在"宽英语"中用一种截然不同的思维方式与多彩的世界对话，在对话中用自己的语言描述所认识的新世界，收获一把通往世界文化的钥匙。

　　第一节　以多重视角感知世界的样貌　　　　　　　　117
　　第二节　以多样的表达形容英语世界　　　　　　　　119
　　第三节　以融合的内容感受英语生活　　　　　　　　124
　　第四节　富有多样性的英语描述方式　　　　　　　　127

第四章　趣味科学：走进充满奥妙的科学世界　　　　　　139

　　契诃夫认为，科学是生活中最重要、最美好和最需要的东西。"趣味科学"以儿童的视角阐述科学，激发孩子的探索欲望，通过开阔孩子的科学视野，发展其科学思维，让孩子在认识与创造世界的过程中培养自身的科学素养。"趣味科学"既让孩子们仰望星空，又让孩子们脚踏实地。孩子们在"趣味科学"中享受知识，品味世界；在好奇下探索未知，践行生活。

第一节 带着童趣漫步科学世界	141
第二节 以儿童的姿态拥抱科学	143
第三节 以斑斓的内容丰富科学课程	145
第四节 让儿童掌握科学世界的密码	148

第五章 情趣美术:创造色彩斑斓的艺术世界　165

世界是多彩的、丰富的,如何在绚烂的世界中发现美,观察美,感受美? 法国著名雕塑家罗丹曾说过:"生活中并不缺少美,而是缺少发现美的眼睛。""情趣美术"课程的建设,将核心素养渗透在小学美术教学中,通过"情趣课堂""情趣课程""情趣美术节""情趣社团""情趣赛事"的建设,让孩子学会在日常生活中发现美、感受美、欣赏美,从而创造美。

第一节 美术是富有情趣的生活	167
第二节 陶醉在富有情趣的美术世界	169
第三节 创设滋润生活的美术生活	172
第四节 富有情趣的美术学习生活	175

第六章 开心体育:愉悦身心的体育　187

体育是运动的艺术。体育能让人增强身体素质,收获美的体格,拥有美的性格,成就完美人格。"开心体育"旨在激发儿童的参与运动的内在动力,培养儿童健康的体魄、积极的心态和坚强的意志。让儿童在运动中体验,在体验中感悟,促使其不断地超越自己,收获健康与快乐,收获蓬勃的朝气和向上的活力。

| 第一节 让儿童蓬勃生长的体育 | 189 |

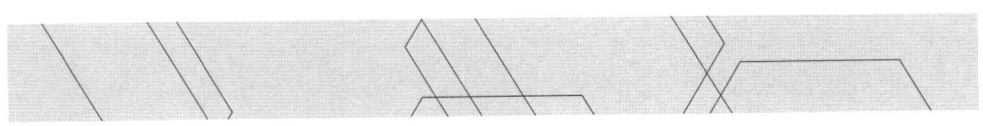

第二节　让体育助力儿童身心健康发展　　　　　　191

第三节　轻松愉悦而充满挑战的体育　　　　　　　195

第四节　在阳光下享受体育的乐趣　　　　　　　　198

后记　　　　　　　　　　　　　　　　　　　　　208

总论

让课程变革扎根学校文化情境

广州市黄埔区夏园小学创办于1928年,原名为"五隅小学",1933年改称夏园小学。学校地处黄埔区夏园村学校路13号,位于广深公路黄埔东段南侧,毗邻广州市经济技术开发区西区。占地面积3 575平方米,建筑面积4 218平方米。现有12个教学班,在校学生518人,教师29人。近年来,夏园小学秉持"引领每个孩子在自臻完善中成长"的办学宗旨,不断地进行教育创新,全面推进新课程改革,获得了"广东省义务教育标准化学校""广州市安全文明校园""广州市大敬教育特色学校""广州市阳光评价试点学校""广州市粤剧特色学校""联合国非物质文化遗产中国粤剧保护中心推广基地""广州市非物质文化遗产传承基地""广州市艺术素养实践基地分站"等称号。

我校以扎根理论为基础,推动学校课程的扎根性变革,建设由下至上的学校课程体系。我们从学校文化根基出发,从固有文化中抽象出新的概念和思想,寻找学校课程发展的文化路径。课程变革深深扎根于学校"大敬"文化,推动学校课程向上生长。

陈向明在《扎根理论在中国教育研究中的运用探索》中提到,扎根理论本土化的意义是让研究回归中国的教育实践,面对经验资料提炼本土理论,获得更贴近中国教育实际的研究成果。[1] 扎根性变革是回归实践的变革,从"大敬教育"实践出发,关注"小作成人"的细小故事;扎根性变革是可见性的变革,立足于细小现象的分析,构建大视野的课程体系;扎根性变革是知行合一的变革,以"大敬教育"为文化底蕴,践行育人目标。

为推动课程的建设,我校扎根于夏园村,村内至今仍保留着松石徐公祠"大敬堂"和南园徐公祠"追远堂"。我校以"大敬"文化为根基,扎根于"大敬"文化中,推动学校课程的扎根性变革。扎根性变革以"大敬教育"理念为引领,落实"大敬立身,小作成人"的文化底蕴;着力建构"大视野课程",以"大敬"文化为根基,滋养育人土壤;以"大

---

① 陈向明.扎根理论在中国教育研究中的运用探索[J].北京大学教育评论,2015,(1):2—15.

敬课堂"为载体,创新课堂育人模式;创设"大敬"实践平台,突破认识边界,培养拥有"大敬"情怀和"小作"品质的现代儿童。

一、扎根在"大敬"文化情境之中

扎根理论使研究者可以"自下而上"地发展概念并建构理论。[①] 为推动课程的扎根性变革,我校组建教师团队,整合现有课程实践资料,探索学校文化根基,寻找课程变革间的联系,追溯扎根性变革的文化根源。

(一) 丰富的地域文化资源

我校所处的夏园村,有着悠久的历史、深厚的文化、众多的名人和淳朴的民风。这些优质的社区资源,是我校探寻特色化办学的切入点。尤其是村内至今仍保留着众多祠堂,如松石徐公祠"大敬堂"、南园徐公祠"追远堂"。学校实施"文化立校、文化育人"的办学策略,提炼"大敬立身、小作成人"的"大敬教育"特色办学理念和核心文化,以"大敬教育"为特色,弘扬中华传统文化,建设有品位、有品质的品牌学校,培养拥有"大敬"情怀和"小作"品质的现代儿童。

(二) 强有力的课程领导团队

我校现有校长、教导主任、人事干部、总务主任、少先队辅导员各1人,共5人。年龄结构:30岁以下1人,40—50岁4人。领导班子的优势是:班子成员是学校中青年骨干教师;年轻干部好学,易于接受新观念、新思想,发展潜力很大;中年干部办事稳健、干练,作风正派,领导班子成员互补性强;班子团结,有较强的凝聚力,已经形成了较好的工作作风,既能独立思考,各抒己见,又能相互支持配合,统一意志;班子成员分工明确,责任心强,各自主管的工作都能较好地完成。

(三) 不断优化的师资队伍

我校在编在岗教师17人,编外聘用制教师12人。从学历结构上看,具备本科及以上学历的教师有17人,专科教师12人。从职称结构上看,高级教师2人,中级教师14人,初级教师6人。从年龄结构上看,50岁以上的教师10人,占34.5%;40—50岁18人,占62.1%;40岁以下的教师1人,占3.4%;平均年龄47.08岁。师资队伍的优

[①] 陈向明.扎根理论在中国教育研究中的运用探索[J].北京大学教育评论,2015,(1):2—15.

势是:学校中老年教师的比例(40岁以上的教师占96.6%)较大,是一支颇有潜能的经验型教师队伍,是保障学校各项工作顺利开展的核心力量。

(四)成熟的特色课程体系

我校以课程为核心、以特色项目为抓手,带动学校整体发展。一是建设"大敬"环境课程。文化及文化环境是对师生产生重要影响的"软约束"因素。我校将学生阅览室命名为"居敬堂",教师阅览室命名为"载敬堂",会议室命名为"敬贤堂",粤剧展示厅命名为"大敬堂"。还将教学楼上的三个楼梯,分别冠名为:"礼敬"梯、"庄敬"梯、"和敬"梯。在"和敬"梯旁的楼道及课室走廊内展示百家名人名言、古文、历史古迹、书法艺术、科技成果等我国经典优秀瑰宝的相关资料,并通过命名和耳濡目染敦促师生不断提升自己的道德修养。二是开发"大敬教育"校本教材。"敬文化读本"是我校开发的校本课程之一。这一课程将"敬文化"延展为引领孩子了解与演绎"敬文化"的课程。其了解"敬文化",主要是了解"敬字的由来""敬文化的发展""大敬堂的考证""敬文化的生成";其演绎"敬文化",主要是寻找生活中的"敬故事"和创造成长中的"大敬活动"。《校园粤韵飘》是在"敬文化"引领下开发的校本教材。这一课程源于我校传统项目"粤剧",以主题构建单元,开发出爱国篇、爱乡篇、爱校篇、爱家篇四大单元的校本教材。该课程教学渗透在音乐、体育、品德及语文学科教学活动中,比如跳粤剧扇子操、品德课上编粤剧小品、具有粤剧特色的经典诵读、假期里制作粤剧脸谱、粤剧手抄报等,通过课程体现对岭南传统文化的"敬"。

(五)有影响力的课程实施经验

成熟的课程体系是特色学校文化的依托,以"敬文化"为载体的"大视野课程"体系体现了校园精神,既有传统内涵又具有时代意义,引导师生追求高尚的道德情操,让大家产生强烈的精神归属感。通过几年的努力实践,我校"大敬教育"凝聚和提升了师生精神,引导师生立"大敬"之情怀,行"小作"之品质,实现自我发展。在"大视野课程"体系的理论指导下,结合学校实际进行课程的实践:

1. 开展经典诵读活动。每周固定一天早读和每班一节经典诵读课,践行居敬、儒雅的"大敬"品格,大力开展经典古诗词、《三字经》《弟子规》《笠翁对韵》《论语》《大学》等经典美文诵读,学期末对孩子评价考核,每年进行一次以"与经典同行"为主题的读书节诵读比赛。开展校本文化活动。学校围绕"敬文化"开展了"大敬立身,小作成人"系列校本文化活动。例如:三月份开展"仁爱义工月"活动,四月份开展"儒雅诵读月"

活动,九月份开展"恭敬有礼月"活动,十月份开展"精进成长月"才艺竞秀活动;开展"书香飘逸"大敬读书节、"粤韵飞扬"大敬艺术节、大敬科技节、大敬体育节活动;开展"求真尚美"入学教育、三年级"恒敬恒爱"感恩活动、六年级"居敬持志"毕业典礼活动;开展"大敬星、居敬星、仁爱星、儒雅星、求真星、精进星、和美星"等"夏小之星"评选表彰活动等。

2. 开展节日文化活动。学校结合纪念日、传统节日及特别的日子,开展主题教育活动,让孩子在活动中接受传统文化的教育。如学雷锋纪念日活动中,孩子唱有关雷锋的歌曲、诵有关雷锋的诗词;"母亲节"活动中,分享亲情故事,营造浓浓的感恩氛围;中秋节活动中,孩子做花灯、猜灯谜……节日文化活动加深了孩子对祖国文化的了解,进一步激发了孩子爱国、爱乡、爱家、爱校的情怀。

3. 开展特色社团活动。近两年来,我校坚持实施"大敬"品格培育特色课程,衍生出南国红豆粤剧社团、翰墨轩书法社团、中国舞社团、武术社团、绘画社团、百艺坊等多个特色社团。区青少年宫还在学校开设了低中级毛笔、美术、机器人编程、拉丁舞、乒乓球、羽毛球、足球、篮球、语言艺术等兴趣班,培养了孩子儒雅、精进、和美的"小作"品质。

(六)千载难逢的异址重建机遇

近几年来,我校可提供的学位远远不能满足招生范围内的学位需求,附近的孩子只能到较远距离的其他小学或民办小学上学,孩子上学非常不便利。随着2016年全面放开二胎政策的实施,学位紧缺的现象越来越突出。现有校区周围已无空地供学校校区进行扩建。

黄埔区教育局领导高度重视,高屋建瓴,经与社区多次沟通协调,做出了夏园小学异址重建的决策。黄埔区发展和改革局已于2016年11月复函同意开展夏园小学异地重建项目前期工作,2017年通过立项,区政府投入约1.4亿元对夏园小学进行异址重建。异地重建地址:广州市黄埔区开发大道以西、黄埔东路以南(穗东街夏园社区高基地块),项目建成后,用地面积17 035.05平方米(约26亩),建筑面积20 101.9平方米,可设36个班,每班45人,招生规模达1 620人。

二、寻找"大敬"文化的课程脉络

康德说过:"没有理论的具体研究是盲目的,而没有具体研究的理论是空洞的。"①我们以扎根理论为基础,追溯课程哲学的原始资料,收集学校固有文化根基。我们尤为关注"大敬堂"。"敬"的思想古来有之,"敬"在中国文化上有独特的地位、价值和内涵。"敬"的地位、"敬"的观念在我国自古就有。在先秦儒家著作中,"敬"的基本含义,一是恭敬端肃,二是尊敬尊重。《易经》中有"君子敬以直内,义以方外"。意谓君子主敬用来使内心正直,处事合宜用来使外在言行方正。经过孔子等儒家圣人的发展,"敬"的含义更加深化,其中,"敬"不仅是指这种敬畏的态度,也是心性修养的重要方式。在反复比较和分析的过程中我们确定以"敬文化"为学校课程建设的文化底蕴。因此,我校以"大敬教育"作为学校教育哲学引领课程发展。

教育哲学:大敬教育

我校的教育哲学是"大敬教育"。在我们看来,"大敬教育"具有非常丰富的教育价值。孔子认为,"居处恭,执事敬,与人忠"是仁者的表现,"修己以敬"是君子的修养。② 其中,"敬"不仅是指这种敬畏的态度,也是心性修养的重要方式。在朱熹看来,"敬"不但是修身立命的根本,而且还是读书学习的境界和态度,具有极高的教育价值。他将读书学习与"敬"联系起来,指出"读书须收敛此心,这便是敬",又说:"读书之法,莫贵乎循序而致精。而致精之本,则又在于居敬而持志。此不易之理也。"他还进一步指出,"持敬是穷理之本。穷得理明,又是养心之助",而且"居敬穷理,二者不可偏废"。③

我校以"大敬"文化独特的教育价值培养新时代"敬君子",表现在以下两方面。一是从对"敬"之内涵的现代阐释看,"敬"可以分三个层次:首先,"敬"的心理学意义,指心灵处于醒的状态;其次,从哲学、伦理学、价值学层面看,"敬"就其作用方式而言可视为一种自由意志或自律作用;再次,从"敬"的心理效应角度看,可视其为一种人格境界。二是从"敬"的文化教育价值和教育内容看,可以分三方面内容。首先是敬畏天地(或谓敬畏自然),包括:(1)敬畏天地之无限;(2)敬畏天地之"无言""无私",产生万物而又不主宰万物的"德性";(3)敬畏"天道"之不可抗拒,自然规律之不可违背;(4)敬畏天地所生万物之珍贵。其次是敬畏生命。再次是敬畏人民。最终形成当今时代人类的敬畏意识。因此,"大敬"文化有其独特的教育价值。

结合对"敬"的理解和当代背景,可见"大敬教育"是大智慧的教育,是大情怀的教

---

① 谢云天.扎根理论对思想政治课程建设的启示[J].中学政治教学参考,2015(12):68—69.
② 孔庆林.关于孔子的"正身"思想[J].中国石化.2000(09):50—51.
③ 张寿.对朱熹"理"的体验主义探析[J].东疆学刊.2014(04):18—25.

育,是大视野的教育,是大格局的教育。

1. "大敬教育"是大智慧的教育

智慧,是高等生物所具有的基于神经器官的一种高级的综合能力,包含有:感知、记忆、理解、联想、逻辑、辨别、计算、分析、判断、文化、中庸、包容、决定等多种能力。[①] 由此可见,智慧是一种综合能力,人的智慧越大,能力越强,小孩子也不例外。"大敬教育"能唤醒儿童的心灵,使其感知世界万物,形成知识经验;能培养儿童的自律、自由意志,使其对事物有自己的判断和处理方式;能丰富儿童的情绪情感体验,健全儿童的人格。将这些能力集合就是培养儿童的智慧。因为"大敬教育"是对多种能力的培养,目的是全方位的发展,儿童的智慧得到深度的发展,所以"大敬教育"是大智慧的教育。

2. "大敬教育"是大情怀的教育

情怀教人学会做人,是一个人道德修养的基础。它的核心价值是"真""善""美",分别从哲学、伦理学、美学三个角度来阐释人对世界的认识和判断。"大敬教育"培养儿童对世界万物持以敬畏的态度,教育儿童要有一颗童心,对万物充满好奇;要有一颗宽容的心,试着宽容伤害过你的人;要有一颗善良的心,善待每一件事情、每一个人;要有一颗平常心,于由此产生的某些负面影响要有足够的心理准备,免得临时惊慌失措,加重压力;要有一颗自信心,信心是人办事的动力;要有一颗诚心,用一颗真挚的诚心去面对你的亲人、你的同事、你的朋友;要有一颗敬畏的心,要学会尊敬身边的每个人……"大敬教育"培养孩子运用良好的心境和心情应对世界,由此可见,这种心境和心情是适用于学校、家庭、社会的,所以"大敬教育"是大情怀的教育。

3. "大敬教育"是大视野的教育

人们的发展往往与其视野相关联,这个视野不仅仅是上下眼皮之间的目力所及,更是"思接千载、视通万里"的心神所至,往往是视野一开思路宽。因此,在培养儿童的过程中必须注意培养孩子的大视野。"大敬教育"培养儿童以"居敬持志"的学习境界和态度。"穷理",即探究世界事物的本质,通过广博的学习和丰富的实践开拓视野,用世界的眼光客观地判断事物。由此可见,"大敬教育"是大视野的教育。

---

① 王申连,郭本禹.论描述心理学的质性精神[J].华中师范大学学报(人文社会科学版).2019(01):177—184.

4. "大敬教育"是大格局的教育

格局的大小决定着事业成就的高低。风宜长物放眼量,使孩子既要打开视觉之门,又要打开心灵之窗,做到眼中存江山,胸中有丘壑,涵养浩然之气。引导他们要不在意利益得失,不计较鸡毛蒜皮,不以物喜,不以己悲,开阔心胸,淡泊明志,宁静致远。要放眼世界、放眼未来、放眼历史、放眼一切,将哲学的高度、历史的深度、现实的广度、实践的纬度结合起来,从全局的角度认识局部,认识自我,认识机遇与挑战,善于审时度势,因时因势而为。培养孩子的合作意识、沟通的能力、谦逊的品格、团队的精神。"大敬教育"要求孩子"敬天""敬地""敬人",从大格局出发来感知事物,认识事物。综上可知,"大敬教育"是大格局的教育。

综上所述,"大敬教育"是大智慧的教育,是大情怀的教育,是大视野的教育,是大格局的教育。"大敬教育"让每一个人对生命、对生活、对生存心怀敬畏,珍视发展,以此"大敬"的情怀去安身立命、处世为人,并能够以"小作"的品质在点滴上求真,在细微处向善,在日常中尚美,学会敬天敬地敬生命,学会敬你敬我敬生活,学会敬知敬行敬生存,从而逐步自臻完善地成长为可持续发展之人。

基于上述教育哲学,学校以"大敬立身,小作成人"为办学理念,培养全面发展的孩子,同时要求全校教师,都以敬业爱生的品德、勤谨治学的作风、细致入微的态度为范,以期孩子在耳濡目染中产生敬佩、欣赏甚至羡慕之感,并愿意主动学习和效仿,从而起到润物细无声的教育影响。

三、建构扎根的课程体系

扎根理论强调系统性、整体性、敏感性以及创意性。扎根性变革具有科学性和严谨性,有助于"大视野课程"建设的知行合一、统整"大敬"文化的传统与现代。学校课程建设是为育人目标服务的,确立适切的育人目标是课程设计的基本前提。"大视野课程"时刻保持课程目标对育人作用的敏感性,灵活运用已有育人目标,通过对国家育人目标的深入研究,促进新观点的产生,构建课程扎根性变革的课程目标。

(一) 育人目标

在"大敬立身,小作成人"办学理念的引领下,学校把培养具有"敬雅之意、敬健之乐、敬真之思、敬艺之韵"的拥有"大敬"情怀和"小作"品质的现代少年作为育人目标。

具体内涵如下：

——敬雅之意：情趣高雅、关爱他人、爱国感恩。

——敬健之乐：体魄强健、自信阳光、自强不息。

——敬真之思：热爱科学、思维灵活、勤于探究。

——敬艺之韵：情操高洁、热爱艺术、审美创美。

（二）课程目标

育人目标往往是通过课程来达成的。为了实现我校的育人目标，我们将"大视野课程"目标分年级细化如下（见表1）。

表1 "大视野课程"目标表

育人目标＼课程目标	低年级	中年级	高年级
敬雅之意	1. 养成良好的行为习惯和学习习惯。 2. 喜欢汉字，愿意主动识字。 3. 知书达理，具备基本的礼仪和文化素养。 4. 喜欢阅读，感受阅读的乐趣。 5. 对周围事物有好奇心，能就感兴趣的内容提出问题，结合课内外阅读共同讨论。热心参加校园、社区活动。	1. 善于学习，勤于思考，勇于表达。理解词、句，培养思考和分析的能力。 2. 养成读书、读报的良好习惯，并有意识地进行记忆训练和知识储备。 3. 乐于分享，善于观察，学会认真倾听，能将"大敬教育"传统准则内化吸收，并在日常生活中实践。 4. 在家庭生活、学校生活中，尝试运用语文知识和能力解决简单的问题。	1. 在语文学习过程中，诵读优秀诗文，注意通过语调、韵律、节奏等体味作品的内容和情感。提高文化品位和审美情趣。 2. 认识中华文化的丰厚博大，吸收民族文化智慧。关心当代文化生活，尊重多样文化，吸取人类优秀文化的营养。受到优秀作品的感染和激励，向往和追求美好的理想。 3. 热爱家乡，珍视祖国的历史与文化，具有中华民族的归属感和自豪感，尊重不同国家和民族的文化差异，初步形成开放的国际视野。

续 表

育人目标＼课程目标	低年级	中年级	高年级
敬健之乐	1. 提高自身对体育的学习兴趣，主动参与运动的学习。 2. 培养体育与健康的正确概念，养成良好的生活习惯和健康意识。 3. 具有关注身体和健康的意识，知道身体各主要部位的名称和自己身体的变化。 4. 说出自己在体育活动中的情绪表现，在体育活动中尊重他人。	1. 乐于学习和展示简单的运动动作。主动参与运动动作的学习，知道如何在运动中避免危险。 2. 发展灵敏性、协调和平衡能力，体验体育活动中的心理感受。在体育活动中具有展示自我的愿望和行为。 3. 学会通过体育活动等方法控制情绪，形成克服困难的坚强意志品质。	1. 了解体育活动对心理健康的作用，认识身心发展的关系，具有积极参与体育活动的态度和行为。 2. 在和谐、平等、友爱的运动环境中感受集体的温暖和情感的愉悦。 3. 懂得营养、环境和不良行为对身体健康的影响。 4. 在经历挫折和克服困难的过程中，提高抗挫折能力和情绪调节能力，培养坚强的意志品质。 5. 在不断体验进步或成功的过程中，培养创新精神和创新能力，形成积极向上、乐观开朗的生活态度。
敬真之思	1. 观察、描述常见物体的基本特征。 2. 认识周边常见的动物和植物。 3. 知道简单工具的功能和使用方法。 4. 对身边与数学有关的事物有好奇心，能参与数学活动。 5. 在观察、操作等活动中，能提出一些	1. 初步了解植物体和动物体的主要组成部分，知道动植物的生命周期。 2. 初步认识人体的主要生命活动。 3. 认识物质世界中各种物质的特征和性质。 4. 在观察、实验、猜想、验证等活动中，	1. 初步了解常见的物质的变化。 2. 初步认识人体的主要生命活动和人体健康。 3. 知道太阳系及宇宙中一些星座的基本概况。 4. 了解技术是人们改造周围环境的方法，工程是依据科学原理设计和制造物品，解决技术应用的难题，创造丰富

续 表

育人目标＼课程目标	低年级	中年级	高年级
	简单的数学猜想，表达自己的想法。 6. 经历简单的从实际生活抽象出数学知识的活动，掌握简单的数学技能。	发展合情推理能力，能进行有条理的思考，能比较清楚地表达自己的思考过程与结果。 5. 经历简单的数学活动，会独立思考问题，能从简单的情境中发现与数学有关的问题。 6. 在他人的鼓励和引导下，体验克服困难、解决问题的过程，相信自己能学好数学。	多彩的人工世界的一系列活动。 5. 培养孩子掌握数学思想方法是数学教学要达到的重要目标之一，高年级孩子通过教学受到数学思想方法的熏陶，形成探索、解决数学问题的兴趣与方法，逐步发展数学思想思维能力和提高数学素养。
敬艺之韵	1. 积极参与各类艺术（粤剧、舞蹈、合唱等）活动，培养各种艺术爱好，感受艺术之美。 2. 丰富情感体验，培养对艺术的热爱、对生活的积极乐观的态度。 3. 尝试使用不同工具，用身边容易找到的各种媒材，通过看看、想想、画画、做做等方法进行简单的组合和装饰，体验设计制作活动的乐趣。观赏自然和各类美术	1. 积极参与艺术活动，以此形成良好的音乐素质，丰富情感体验，培养敏锐的音乐感知能力。 2. 欣赏名家名曲，培养自己对美的点滴认识，且有一定的欣赏美的能力。 3. 学习对比与和谐、对称与均衡等组合原理，了解一些简易的创意和手工制作的方法，进行简单的设计和装饰，感受设计制作与其他美术活动的区	1. 结合所学，展示自己的成果，学会通过创作表现艺术的美。 2. 感受幸福生活，增强审美能力和审美情趣。 3. 发展美术构思与创作能力，传递自己的思想和情感。欣赏、认识自然美和美术作品的材料、形式与内容等特征，通过描述、分析与讨论等方式，了解美术表现的多样性，能用一些简单的美术术语，表达自己对美术作品的感受和理解。

续 表

育人目标＼课程目标	低年级	中年级	高年级
	作品的形与色,能用简短的话语大胆表达自己的感受。采用造型游戏的方式进行无主题或有主题的想象、创作、表演和展示。	别。观赏自然和各种美术作品的形、色与质感,能用口头或书面语言对欣赏对象进行描述,说出其特色,表达自己的感受。	

(三) 课程结构

学校以多元智能理论为依据,对各类课程重新进行有机整合,分为五大类,聚焦核心素养,让孩子以"小作"品质演绎"大敬"情怀。语萃园课程:语言与交流课程,主要包含英语和语文等。健康园课程:运动与健康课程,主要包含体育和心理辅导等。科创园课程:思维与探究课程,主要包含科学课程等。美德园课程:品德与社会课程,主要包含品德和社会生活等。艺术园课程:艺术与审美课程,主要包含美术等。见图1。

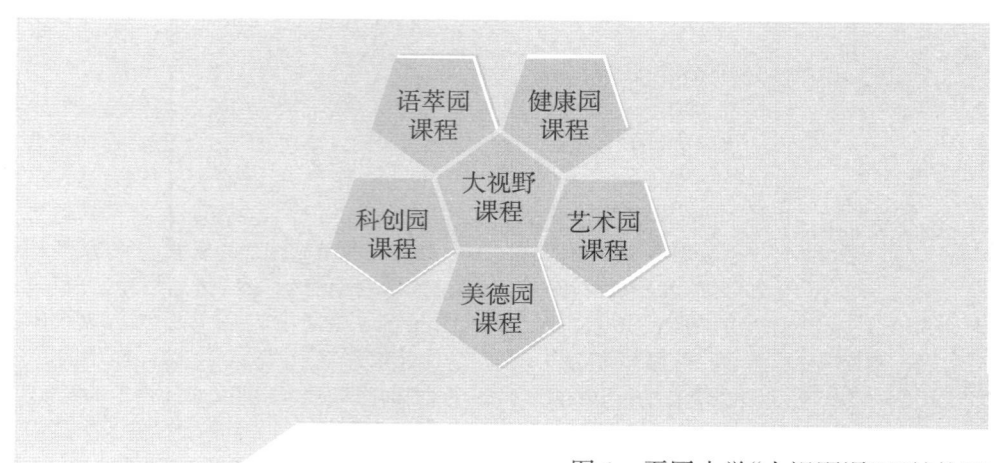

图1 夏园小学"大视野课程"结构图

(四) 课程设置

"大视野课程"以促进孩子的多元发展为前提设计了形式多样、种类丰富的课程，我校的课程图谱如下（见表2）：

表2　夏园小学"大视野课程"图谱

大敬课程 年级	语萃园课程	健康园课程	科创园课程	美德园课程	艺术园课程
一年级	拼音王国 笔画之家 走进经典 "铅"言万笔 快乐阅读 走进书法 故事大会 口语萌萌乐 趣味ABC 字母王国	体能　校本 勇往直前 别开绳面 三防小知识	我们的校园 科学幻想画 科学家的故事 纸飞机 "童话"数学 口算小能手 等你来发现 创意拼搭	班队会 品德与生活 心理健康 健康教育 专题教育 研究性学习	百变工坊 画家的故事 点线面家族
二年级	我咏经典 硬笔书香 传统节日 口语交际 绘本阅读 近代伟人 语言艺术 小主持人 口语说说乐 外教教我学 绘本乐园	体能　校本 动感啦啦 捷足先登 人身安全小知识	科学家的故事 科绘园 探索自然 小飞机达人 比较与测量 数学小画家 扑克对对碰 小小推理家	班队会 品德与生活 心理健康 健康教育 专题教育 研究性学习	纸艺工坊 走近名画 非黑即白
三年级	巧手写书法 诵响经典 阅读阅美 故事大王	体能　校本 羽众不同 花式跳绳 心理健康	绿豆栽培 养蚕达人 小观察师 航天科技	班队会 品德与社会 心理健康 健康教育	手工小作坊 名家名画 创意彩绘

续 表

大敬课程\年级	语萃园课程	健康园课程	科创园课程	美德园课程	艺术园课程
	英语我会说 绘本我会读 拼读我最行		数学探秘队 数学大观园 数学简史 数字编码 生活中的数学	专题教育 研究性学习	
四年级	墨韵飘香 悠悠经典声 阅读阅享 故事花园 英语社团 创意绘本 故事达人 剧场达人	体能 校本 活力篮球 应急能力	小实验师 小膳食家 科学乐园 科普阅读 科学新生命 数学万花筒 趣味数学 数学日记 名家故事	班队会 品德与社会 心理健康 健康教育 专题教育 研究性学习	名画赏析 二次元世界 手工达人 邂逅素描
五年级	萌芽墨苑 亲近经典 故事驿站 读书小报 好书分享 口语达人 英语小天团 创想绘本	体能 校本 青出于蓝 认识自我	科普阅读 航天飞机 小实验家 科幻画 位置 解方程 图形的运动 解决问题	班队会 品德与社会 心理健康 健康教育 专题教育 研究性学习	名画赏析 妙笔生花 百变创意 素描基础
六年级	高雅书法香 经典我传承 故事王国 美丽书报 英语我来读 名著我来赏 手抄报比赛	体能 校本 金绳雅韵 活力青春	工程与制作 科普阅读 科微世界 星座与性格 一题多问与一题多解 数学规律之乐趣（百）分数、比例应用题的一题多解 古题新解	班队会 品德与社会 心理健康 健康教育 专题教育 研究性学习	创意插画 趣味工坊 素描进阶

四、扎根性课程变革的多维实施路径

扎根性变革是一种积极、开放的变革。在课程实施的过程中,尽可能多地接受各种可实施的方式,结合校内外的多样性资源,在原始的课程实施方式的基础上,对创新的课程实施方式保持开放包容的态度。在比较和分析的动态过程中,不断提升课程实施的水平和质量。

扎根性变革通过分析儿童身心发展的原始规律,创生以儿童全面发展为目的的"大视野课程"实施路径,基于扎根性变革的课程实施方式,"大视野课程"的实施途径是丰富的、立体的、多元化的,我们建构"大敬课堂",建设"大敬学科""大敬社团""大敬赛事""大敬节日""大敬之旅",通过多维度、精彩丰富的实施途径实现"以小作品质演绎大敬情怀"的课程理念。

(一) 建构"大敬课堂",推进学科基础课程的实施

儿童的课程需求是"大视野课程"建设与实施的出发点及落脚点。"大敬课堂"是以儿童为中心,在分析、研究本校课程情境的基础上,对国家基础类课程的校本化实施。

1. "大敬课堂"的操作

教学目标、教学内容、教学过程、教学方法、教学评价,乃至隐形的教学文化六个维度的细化,使"大敬课堂"的校本化实施更具可行性。

(1) 教学目标:丰满。教学目标要包含三维意涵:知识与技能、过程与方法、情感态度与价值观。基础知识和基本技能是为孩子的终身发展打基础的,什么时候都不能忽视,要防止淡化知识的现象。情感是客观存在的,但需要教师的正确引导。"大敬课堂"重在促发孩子真正的情感发生,只有心动了才会产生真实的情感。在确定教学目标时,应从三个方面入手:第一,认真研读课程标准,根据课程总目标确定一节课的具体目标,具体的教学目标要从课标出发;第二,认真研读教材,了解教材的呈现方式,深入理解、分析教材安排,根据所使用的教材来确定教学目标;第三,了解孩子特点,知道孩子已具备的知识与本节教材的关系,孩子要经历什么过程来获得知识、掌握什么能力,从孩子已有的经验入手,使孩子有探究的欲望,一个教学目标是和这节课的教学过程有联系的。充分运用现有的"大视野课程"资源来完成教学目标。

(2) 教学内容:丰富。课堂教学内容丰富之后,在单一的教学内容下,必然会延伸到更多的学习内容上,有课堂上的知识,也有课外的知识,让孩子们学习和领略到课本所没有的知识点,涉猎尚未领悟的知识殿堂,对于丰富孩子的知识、提升孩子的成绩、增强小学的教学实效都有着积极、深远而且现实的意义。增强承载力:在小学教学内容中,如果能够科学、规范地丰富课堂教学内容,则可以大幅度地提升小学科目的承载力。在承载力增强的同时,小学课堂教学自然就丰富多彩起来,课堂自然而然地就会充实起来。"大敬课堂"还要求教师创造性地重组教材,广泛吸收与教材相关的信息,在备课过程中发挥主体作用,从孩子实际需要出发,以促进孩子的发展为根本目标,在课堂教学中既依据教材又超越教材,善于开发利用各种教材以外的课程资源,为课程价值的实现和孩子的发展提供多种平台。

(3)教学过程:立体。我校基于学校"大敬教育"的育人目标,以"大视野课程"的实施为重点,着力构建具有学校特色的"大敬课堂",推进课程在课堂中的校本化实施。"大视野课堂"倡导"自学——建构——练习——改错"的学习策略,"激发兴趣,以问促思,少教多学,少讲多练(读)"的教学策略,"精选作业,定时练习,及时改错"的作业策略。学校引导教师在学科教学实践中研究"大敬教育"理念的自然渗透,强调"以人为本"的"大敬课堂"文化,培养孩子敢于提出自己的见解和思想,形成创新的意识和能力。

(4)教学方法:灵动。在教学中,教师要掌握学科的特点,尊重孩子的学习主体地位,在课堂教学中,通过夯实基础、创设情境、整合资源、适时总结等丰富孩子的素养。教师放手让孩子主动学习、积极探究,获得充分的情感体验,小学课堂教学就能逐步达到最佳境界,孩子就会得到自由、全面、和谐的发展。苏霍姆林斯基说过:"在人的心灵深处,都有一种根深蒂固的需求,这就是希望感到自己是一个发现者、研究者、探索者,而在儿童的精神世界中,这种需求特别强烈。"孩子是学习的主体,课堂是孩子的天地。把课堂还给孩子,把学习的主动权还给孩子,这不仅是一种理念,更是一项艺术。教学过程中,应充分利用身边所有的教学资源,并整合其优势,诱导全体孩子动起来,参与到知识的形成过程中来。灵动的教学方法是因材施教的重要途径之一,有利于培养孩子的个性。

(5)教学评价:激励。着眼于孩子个体发展的差异性与不均衡性,"大视野课程"从评价目标、评价主体以及评价方式等多个方面,着力构建多彩的评价标准,注重教学的过程性评价,形成课程、教师和儿童多方面的良性互动,让课程真正回归儿童。采用多元标准及允许异步达标。教育评价标准可分为绝对标准、相对标准和个体内差异标准。采用多元标准主要有三种形式;采用综合评价标准、充分运用个体内差异标准和对不同的评价对象采用不同的绝对标准。以促进孩子个性化成长为终极目标,在评价方式上,我们通过行为观察法、情境测验法、儿童成长记录等多种方法,对孩子的品行、生活技能、科学知识、人文常识等方面进行全面的评价。学校每个学期利用班队会的时间,开展劳动技能比赛,观察和评价孩子的劳动技能掌握情况。孩子人手一本的《成长记录册》,从每学期的小小心愿、学科学习、行为表现、精彩瞬间、学习评定、操行评定、综合表现等方面,完整地记录孩子的个体发展。同时,从自评、孩子互评、教师评价以及家长评价等多个维度,对孩子的行为表现进行全面的梳理,使每一次评价都以孩子的发展为依托和归属,使"大敬教育"多彩缤纷。

(6) 教学文化:大敬。基于"大敬立身,小作成人"的办学理念,"大视野课程"的教学文化,以"敬"为核心,让孩子对生命、对生活、对生存拥有心怀敬畏而珍视发展的为人之情怀;人成长为可持续发展之人;在成长为可持续发展之人的过程中,培养在点滴上求真、在细微处向善、在日常中尚美的行事之品质。

"大敬教育"特色课程的核心理念是"以小作品质演绎大敬情怀"。"大敬情怀"强调以"敬"的教育为本,通过特色课程学会处世为人,提高人文素养和思想道德水平;"小作成人"强调运用正确、科学的方法来掌握知识、提高技能,从而逐步自臻完善地成长为可持续发展之人。

2."大敬课堂"的评价标准

"大敬课堂"的评价标准涉及"大敬课堂"的教学文化、教学目标、教学内容、教学过程、教学方法、教学评价、教学效果七个维度,对"大敬课堂"的实施进行全方位的评价(见表3)。

表3 "大敬课堂"评价表

执教教师		任教课程		教师级别		日期	
维度	评价要求				教师自评	观察员评价	
教学文化(大敬)	教学过程体现新课程的教学理念,符合"大视野课程"的哲学要求。						
	教学过程为孩子的学习服务,面向全体孩子,以孩子的发展为本。						

续 表

维度	评价要求	教师自评	观察员评价
教学目标（丰满）	课程目标全面具体,定位清晰、简明、准确。		
	课程目标符合孩子实际。		
教学内容（丰富）	课程内容设计合理,选择恰当。		
	教学内容符合孩子认知特点,具有科学性和趣味性,联系实际生活。		
	重难点知识突出,处理得当,教学容量和密度恰当。		
教学过程（立体）	教学过程思路清晰,课堂结构严谨,教学环节用时恰当,过渡自然流畅。		
	教学活动的实施有利于教学内容和目标的达成,有效组织课堂的自主探究活动。		
教学方法（灵动）	教学方法灵活多样,符合课程要求。		
教学评价（激励）	教师能运用多元化评价方式,关注孩子的成绩、学习过程、情感、态度和价值观。		
	孩子能对同伴进行客观的评价。		
教学效果（满意）	课堂气氛活跃,孩子课堂参与度高。		
	达成课程预期目标。		
说明	等级分数： A:4.5—5级 B:3.5—4级 C:3—3.5级 D:3级以下		

(二) 建设"大敬学科",推进学科拓展课程的实施

随着"核心素养"的倡导,课程变革越来越要求考虑孩子素养发展的完整性。结构合理、层次清晰、彼此连接、相互配合、深度呼应的连环式课程集群的构建,不仅是一种思维,更是一种工具,已成为我校深化课程改革、优化课程设计的一条有效途径。

1. "大敬学科"的建设路径

"大敬学科"的建设以学科为轴心,不断延伸与深化其内涵与外延,逐步扩展学科

的辐射面,构建"1+X"学科课程群。

（1）大美语文。于漪曾说:"语文本身有它独特的魅力,有润物细无声的作用。"的确,大美语文姹紫嫣红,春色无限。多彩的语言、丰厚的人文、绵绵的情思、深邃的哲理,对孩子而言,能启心智、长见识、陶冶性情,诱发无限的遐想,更重要的是,独具魅力、富有诗意的语言使儿童在获得美感的同时,在潜移默化中丰富了自己的语言积累,营造了浓浓的文学氛围。语文课程标准提倡努力建设开放而有活力的语文课程。富有情趣的教学设计,让学习活动成了富有诱惑力的行为,灵动着语文课堂的气息,成为智慧的生命符号。情趣盎然的教学过程,可以使儿童在轻松愉快的学习活动中不知不觉地提高语文素养。情趣来自灵活多样、独具匠心的教学形式,这就要求老师不拘一格,大胆创新,重组文本。我校开设的语文类课程,确立适应时代需要的课程目标,立足于广阔的时代背景,在语文的学习中培养儿童的兴趣、态度和能力,促进儿童多方面生动活泼的发展。根据语文课程总目标,我校开设的课程旨在培植孩子的爱国主义精神,增强孩子对于语文的学习兴趣,使孩子做到"我要学",形成良好的学习习惯,掌握并运用学习语文的基本方法。如"我咏经典""口语交际"等课程的开设是为了培养孩子学语言、用语言的能力;"小书法家"让孩子们畅游在书法的海洋中,感受中华文字之美;通过"阅读阅美""故事大会"提高孩子对语文的兴趣,丰富孩子的精神世界。

（2）宽英语。"宽英语"是指从英语教学的内容、形式和与其他学科的融合三个方面入手,通过各类课程的实施,逐渐激发孩子的英语学习兴趣,引导孩子主动探索、学习英语语言文化及在学习中学会对比汉英两种语言,增强孩子们的语言探索能力、领悟能力及总结加工的能力。

首先是在内容上拓宽,在英语学习中激发孩子的兴趣爱好,注意教学的趣味性和多样性,激发不同层次的孩子的学习热情,提高全体孩子的学习积极性,培养孩子用英语交际的能力、合作意识。通过"外教口语""英语童谣"等课程让孩子了解异域文化,促进文化交流。其次是在授课方式上灵活和宽泛,个别课程采取外教教学及社团英语活动的形式。形式可多样,上课地点可室内外结合,尽可能多地让每位孩子都能体验英语世界的乐趣,主旨是参与、体验与分享,虽然孩子运用英语可能无法像母语那般自然与恰当,但是要让孩子充分感受到英语语言的魅力,进而了解中西方文化的差异,引导孩子们主动积极地探索两种语言的奇妙异同。最后,"宽英语"的"宽"要落实在与各科目的融合上面,如与美术融合产生的英语绘画类课程,与科学融合产生的一些百科英语绘本的学习,与语文融合产生的中国经典故事改编等活动,与音乐融合后产生的英语说唱学习和英语歌曲学习等。

(3)智趣数学。"智趣数学"即在高效的数学课堂里,就教材、教师、孩子、课堂而言,形成一个四维一体的教学。"大敬学科"之"智趣数学"并不是简单的加减乘除的教学,而是在乐学的过程中善学,实现思维与逻辑的启蒙。根据国家课程标准对不同阶段"数与代数""图形与几何""统计与概率""综合与实践"四大模块的内容设置和要求,分别开设一至六阶不同形式的相关课程。以一年级为例,其中的"'童话'数学(必修)"课程实现了与"数与代数"模块的对接,通过绘本的阅读,使孩子初步感知生活中数与代数的意义;其中的"创意拼搭(选修)"课程实现了与"图形与几何"模块的对接,培养孩子的空间想象能力和创造力;其中的"等你来发现(选修)"课程实现了与"统计与概率"模块的对接,初步培养孩子有序观察和发现规律的思维品质;其中的"比较与测量(必修)"课程实现了与"综合与实践"模块的对接,初步培养孩子的动手操作和实践能力。通过一至六阶不同形式的课程设置,使孩子在"玩"中学、"赛"中学,实现知识技能、数学思考、问题解决、情感态度四个方面目标的步步进阶与提升。

(4)开心体育。基于体育新课程标准要求的提高孩子的体质和健康水平,促进孩子全面和谐发展,我校开设的开心体育是一门以身体练习为主要手段、以增进孩子健康为主要目的的必修课程,是学校课程体系的重要组成部分,它是对原有的体育课程进行深化改革,突出健康目标的一门课程。开心体育为儿童展示鲜活个性,迅速获取成就感提供了舞台。如"动感啦啦操"让孩子享受运动与美的结合;"捷足先登"让孩子体会团队精神的魅力所在;"体能校本"鼓励孩子挑战一分钟跳绳极限,激发孩子的锻炼兴趣。

(5)情趣美术。艺术教育是素质教育不可或缺的重要内容,对提高孩子审美修养、丰富孩子精神世界、培养孩子创新意识,促进孩子全面发展具有其他教育学科所不可替代的作用。艺术可以是宏观概念也可以是个体现象,是通过捕捉与挖掘、感受与分析、整合与运用等方式对客观或主观对象进行感知、意识、思维、操作、表达等活动的过程,或是将通过"看、听、嗅、触碰"等感受到的用某种形式展示出来的阶段性结果。"生活中从不缺少美,而是缺少发现美的眼睛。"情趣美术就是培养孩子在生活的小事、小物上发现美、记录美、创造美。在教学过程中,重视孩子在艺术学习中创造美和鉴赏美的实践,通过综合与联系,为孩子提供多角度、多方面、多渠道的情感体验,让孩子有机会选择自己喜爱的方式进行自我表达和交流,使其艺术经验不断得到丰富和升华。课程外聘专家,意在把中国精湛的传统文化艺术展现给孩子,让孩子在兴趣中学习、在快乐里体验,在审美中熏陶、在经典里浸染,对传统技艺产生兴趣并主动继承。

(6)趣味科学。科学是在引领孩子揭示科学发展规律和人类对客观物质世界的认识规律中有机渗透社会主义核心价值观教育的课程。科学融入日常生活中的各个方面,让孩子自己动手"玩"科学,进而使孩子爱上科学,"动手做,做中学";同时重视科学的思维能力,培养孩子勇于质疑并逐步具有严谨细致的科学作风。

2. "大敬学科"的评价要求

为推进"大敬学科",积极建设特色课程,将从学科理念、学科教学、学科课程、学科学习、学科团队这五方面来评价"大敬学科"(见表4)。

表4 "大敬学科"评价表

大敬维度	"大敬学科"特色课程建设要求	任课教师评价
学科理念	适合孩子的发展现状与需求,有利于全面提高孩子的素养。	
	将教学与生活进行有机的联系。	
	具有延续性,贯穿孩子学习阶段。	
学科教学	动手实践、自主探索与合作交流相结合。	
	符合课标理念,体现三维目标的要求。	
	应体现基础性、普及性和发展性的基本理念。	
学科课程	创造性的课堂安排。	
	进行合理的情境创造。	
	关注个体差异,全体孩子参与学习。	
学科学习	孩子在探究学习的过程中,自主参与知识的发生、发展和形成。	
	交流、合作学习,培养合作意识。	
	具有启发性,充分发挥孩子的主体作用。	
学科团队	总结和分享教学经验,解决实际教学中的困难和问题。	
	规范大敬课堂教学,优化教学教研活动。	

续 表

| 说明 | 等级分数：
A：4.5—5级
B：3.5—4级
C：3—3.5级
D：3级以下 | |

(三) 建设"大敬社团"，推进兴趣爱好课程的实施

近年来，学校先后被评为广州市安全文明校园、联合国非物质文化遗产中国粤剧保护中心推广基地、广州市艺术素养实践基地分站，2015年被广州市教育局认定为"大敬教育"特色学校、"广州市粤剧特色学校"、"广州市非物质文化遗产传承基地"。

基于此，我校坚持实施"大敬"品格培育特色课程，衍生出南国红豆粤剧社团、翰墨轩书法社团、中国舞社团、武术社团、绘画社团、百艺坊等多个特色社团，培养了孩子儒雅、精进、和美的"小作"品质。

通过几年的努力实践，我校"大敬教育"凝聚和提升了师生精神，引导师生立"大敬"之情怀，行"小作"之品质，实现自我发展。

1. "大敬社团"的主要类型

作为课程的重要载体，社团活动对于有效提升孩子综合素质、促进孩子多元化成长具有重要的现实意义。每周一至五下午的4:00—5:00，沸腾的校园展现着多彩的社团文化。舞蹈社团、粤剧社团、合唱社团、啦啦操社团……孩子们在各具特色的社团活动中，体验生活，提升素养，涵养心灵（见表5）。

表5 "大敬社团"课程类型表

社团安排		课程内容
文学类社团	毛笔书法初级班	1. 了解文房四宝及书法习惯。 2. 书法用笔基础练习。 3. 掌握"横、竖、撇、点、捺、折、钩"的行笔线路及收笔方法。 4. 练习简单字的书写。

续 表

社团安排		课程内容
	毛笔书法中级班	1. 认识毛笔,体会笔毫在点画中的各种变化。 2. 学会中锋用笔。 3. 用笔基础训练。
	语言艺术班	1. 引导孩子搜集、积累精妙的语言。 2. 通过多种形式的语言活动,引领孩子走进语言的艺术,感受汉字与语言的魅力。
艺术类社团	美术初级班	1. 介绍基础美术知识。 2. 油画棒简笔画、水彩笔简笔画;线描装饰画。 3. 少儿美术鉴赏。
	拉丁舞班	1. 学习伦巴舞的基础站姿、感受拉丁伦巴的节奏。 2. 学习蹬腿、挺胸、收臀及练习摆胯。 3. 学习伦巴舞基础舞步的技术要领。
	陶艺班	1. 了解陶泥的基本特性,认识陶艺制作的基本工具和使用方法。 2. 学习陶艺方法,实际体验陶艺制作的基本技法,感受玩"泥巴"的乐趣。
	美术中级班	1. 着力培养孩子的独立创作能力,提高与强化某绘画写生能力。 2. 以黑白与线条的造型元素,促进孩子观察事物能力和绘画表现能力的发展。 3. 通过水墨画、彩色砂纸画课程教学,启发、引导孩子以画人或画物画出自己的感受。
	合唱社团	1. 合唱基本功训练。 2. 赏析优秀合唱实例,提高欣赏水平,进行由浅入深的系统练习。
	舞蹈社团	1. 舞蹈基本功训练。 2. 欣赏优秀舞蹈。 3. 舞蹈排练。
	粤剧社团	1. 了解粤剧特征及历史。 2. 粤剧基本功训练。 3. 粤剧节目排练。

续 表

社团安排		课程内容
球类社团	篮球	1. 运球,双手胸前传、接球练习。 2. 运球急停投篮,三步上篮训练。 3. 跑、跳、投基本功训练。 4. 篮球小组比赛。
	乒乓球	1. 乒乓球球性训练,老师陪孩子练习反手推挡、正手进攻训练。 2. 基本功训练及体能训练。 3. 接发球及进攻训练。
	羽毛球	1. 了解羽毛球知识。 2. 正反手握拍法及准备姿势。 3. 正手发高球训练。 4. 正手击高球练习。 5. 复习正手发高球和击高远球。
	足球	1. 前脚掌拖拉球练习。 2. 外脚背运球训练。 3. 脚弓传球练习。 4. 大腿颠球及脚背颠球练习。
	啦啦操	1. 了解啦啦操的起源、分类及特点。 2. 练习啦啦操基本技术和32个基本手位动作。
科技与思维类社团	动手玩转 Scratch2.0 编程班	1. 了解电脑编程在生活中的应用。 2. 传授简单的 Scratch2.0 编程技巧。
文化与交流类社团	节日文化社团	1. 根据国家重大节假日,组织形式多样的庆祝活动。 2. 利用课余时间,组织孩子参与市、区、街道举办的庆祝活动。
	升旗手训练营	1. 队形队列训练。 2. 国旗系绳及国歌伴奏升旗练习。
	礼仪社	1. 了解礼仪的基本含义,掌握基本的谈吐、举止、服饰等个人礼仪。 2. 学会在家庭、校园、公共场所等社会生活领域的交往礼仪。

2. "大敬社团"评价要求

在"大敬社团"系列活动中,我们注重对孩子情感态度、合作交流、实践能力、成果展示等方面的评价,体现评价的丰富性(见表6)。

表6 "大敬社团"课程评价表

指标体系	权重	评定标准	评定等级
		等级内容	
1. 组织建设方面	0.091	1. 章程、制度健全 2. 社团指导教师、社长随缺随配 3. 社团干部发挥模范带头作用 4. 人人有事干,事事有人管	
2. 活动目标和计划方面	0.083	1. 有年度活动目标 2. 活动目标明确且具体 3. 有实现目标的行动计划 4. 计划科学、合理且可行	
3. 孩子活动方面	0.101	1. 工作积极主动,活动到场率高 2. 生生合作、师生互动好 3. 孩子有问题意识 4. 孩子有较多的体验和感受	
4. 指导教师、社长表现	0.089	1. 服务意识强,为社团成员办实事 2. 积极参加学校组织的培训或会议 3. 指导教师和社长经常交流工作情况,工作顺利开展 4. 工作能力强	
5. 活动成效方面	0.182	1. 活动正常开展,受到社团成员的欢迎和校领导的肯定 2. 孩子活动自主性高,孩子得到充分的锻炼 3. 活动在校园网上有宣传或活动有成果 4. 活动在教育网或报纸杂志上有宣传报道或获市属以上级奖	
6. 参与学校校本课程的开发、科研,创新工作方式方法方面	0.123	1. 能参加学校组织的培训活动 2. 能及时总结工作中的经验教训 3. 开发校本课程或有社团方面的科研论文 4. 创新工作方式方法	
7. 环境建设方面	0.075	1. 能理解学校的困难并克服 2. 有固定的活动场地 3. 活动场地的布置适合孩子的发展和社团的个性特点 4. 活动场地保持整洁	

续 表

指标体系	权重	评定标准	评定等级
		等级内容	
8. 活动记录记载和资料保存方面	0.087	1. 记录记载及时　2. 各种记录记载保存完好　3. 开展优秀社员评比　4. 已建立社团成员活动档案袋	
9. 积极参加和配合上级部门开展活动方面	0.081	1. 社团成员基本能参加上级部门组织的各项活动　2. 社团成员积极参加上级部门组织的各项活动　3. 活动积极但效果一般　4. 活动积极且富有成效	
10. 活动安全方面	0.088	1. 无重大安全事故　2. 社团每次出校活动都向学校申请批准　3. 活动安全措施到位　4. 活动的同时,培养孩子的安全意识	

注:评价结果分 A、B、C 三个等级。A 表示好;B 表示较好;C 表示一般。

(四) 设计"大敬赛事",推进赛事文化课程的实施

学校每年定期举行不同系列的比赛,如舞台系列之经典朗诵、讲故事等比赛,教室系列之口算小达人、解题大赛等比赛,根据各种比赛的特殊性在不同的场地进行。多彩的校园赛事为孩子们打造了一个个自我展示的舞台,生动地诠释着"大敬立身,小作成人"的理念。赛事所掀起的热潮,超越了课程本身,营造了积极向上的校园氛围,延展着"大敬教育"的内涵。

1. "大敬赛事"的活动类型

"大敬赛事"是我校校园文化生活的重要组成部分,开展各项赛事可以活跃学校的学习氛围,丰富孩子的课余生活,培养孩子的生活兴趣及竞争意识,提高孩子们自主管理的能力及创造力。活动类型如下(见表7)。

表7 "大敬赛事"活动类型表

赛事名称	赛事要求	赛事形式
故事大王	1. 内容生动、有趣,体现时代感。 2. 着装干净、大方得体,仪容仪态好。	1. 以班级为单位各派出2名选手出赛,比赛按"低、中、高"年级组进行评比。 2. 每组评选出一等奖1名、二等奖2名、三等奖3名。
经典诵读	1. 内容为经典诗词、诗歌。 2. 着装干净整洁,全体同学参与。	1. 以班级为单位按"低、中、高"年级组进行比赛。 2. 每组评选出一等奖1名、二等奖1名、三等奖2名。
个人展板	1. 版面整洁、内容丰富。 2. 图文并茂、晒出个人风采。	1. 展板按"低、中、高"年级组进行评比。 2. 优秀作品进行展示、分享。
大课间操	1. 全校师生参与。 2. 动作规范、整齐、协调。	1. 以班级为单位。 2. 评出一等奖1名、二等奖3名、三等奖5名。
歌咏比赛	1. 全体同学参与。 2. 穿礼服、佩戴红领巾;歌声嘹亮、整齐,表情丰富,乐感较好。	1. 以班级为单位。 2. 评出一等奖1名、二等奖3名、三等奖5名。
粤剧粤曲	1. 粤剧粤曲演唱。 2. 粤剧折子戏演唱。	1. 以"小红豆"粤剧团为单位参与市、区组织的各项赛事及展演。 2. 校园内分享获奖荣誉。
文明班级	1. 班级个人行为文明状况、仪容仪表状况。 2. 早午读、课间"两操"、归程队表现。	1. 以班级为单位。 2. 执勤队员检查、评比。 3. 每月评比一次。
硬笔书法	1. 自带书写工具。 2. 书写内容、字体不限。	1. 以班级为单位,各选5名同学参与;按"低、中、高"年级分组评比。 2. 评选出一等奖5名、二等奖10名、三等奖15名;获奖作品在校园内展示。

续 表

赛事名称	赛事要求	赛事形式
软笔书法	1. 自带书写工具。 2. 书写内容、字体不限。	1. 以班级为单位,各选 5 名同学参与;按"低、中、高"年级分组评比。 2. 评选出一等奖 5 名,二等奖 10 名,三等奖 15 名;获奖作品在校园内展示。
个人礼仪	1. 三年级以上同学参与。 2. 着装整洁、舞台展示。	1. 评选"最佳礼仪女生"和"最佳礼仪男生"各 10 名。 2. 颁发荣誉证书。
摄影征集	1. 学校组织的秋游、春游摄影作品。 2. 作品粘贴在 A4 纸上,图文并茂、主题鲜明。	1. 三至六年级各班评选出 5 位同学的作品参与评比。 2. 在校园内展示、分享优秀作品。
阅读之星	1. 读名著、写读后感。 2. 采用 A4 纸,字体不限。	1. 以班级为单位,评选出 5 篇作品,按"低、中、高"年级组评比。 2. 评选出一等奖 5 名,二等奖 10 名,三等奖 15 名;在校园内展示、分享。
书香之家	1. 个人与父母同读一本书。 2. 独立完成读后感。	评选出 12 个"书香之家";在校园内展示、分享。

2. "大敬赛事"的评价要求

在"大敬赛事"系列活动中,我们注重对赛事的组织、过程、感受等方面的评价,注重过程性评价(见表 8)。

表 8 "大敬赛事"评价表

赛项名称		承办科组	
参赛年级		参赛人数	

续 表

评价项目	评价内容	评价结果				项目评价结果
		优	良	中	差	
赛事组织 35%	竞赛规程全面、科学、完整					
	赛题科学、合理、规范					
	比赛过程设计科学合理					
	赛项执委会组织协调情况					
	技术平台与竞赛内容吻合度					
	赛项专家、裁判队伍工作情况					
	赛项制度建设与执行情况					
	赛项场地及设施情况					
	监督员与工作人员情况					
	行业、企业合作情况					
	承办科组领导重视程度					
竞赛过程 35%	竞赛环境					
	承办科组接待服务					
	承办科组人员态度					
	裁判员素质					
	裁判员工作质量					
	裁判员成绩评定					
	监督员素质					
	监督员工作质量					
	开放办赛情况					
	赛场新闻报道及信息管理					
赛事感受 30%	大赛制度贯彻执行情况					
	赛项执委会赛事组织情况					
	赛项承办科组赛事承办情况					
	赛项专家组赛项设计情况					
	赛项裁判组评判公平公正情况					
	赛项监督组监督公平公正情况					

续 表

评价项目	评价内容	评价结果				项目评价结果
		优	良	中	差	
	赛项仲裁组仲裁公平公正情况					
	赛事组织综合评价					
	竞赛器材等与教学设备匹配度					
评语及建议： 1. _____ 2. _____						

注：在您认为符合的空格中打√，项目评价结果一栏整体给出该评价项目的优、良、中、差，请于比赛结束当天上交本赛项监督员。

（五）创设"大敬节日"，推进节庆文化课程的实施

学校结合重要节日、纪念日和传统节日，开展主题教育活动，让孩子在活动中接受节庆文化的教育。

1. "大敬节日"的主要类型

（1）传统节日

中国传统节日文化是中国人民在几千年的历史长河中积累的丰富的人生智慧，是中华民族宝贵的精神财富和精神家园。为推进节庆文化课程实施，学校创设"大敬节日"，每年都开展"过传统中国节，做现代中国人"的系列活动，引导孩子过好每一个中国的传统节日，让孩子了解、认识、喜爱传统节日的文化，并将传统节日文化深深融入日常生活中，帮助孩子树立传承和发扬中华传统文化的责任和意识，增强孩子的民族自豪感，培养孩子的爱国主义情感，是学校的教育使命。课程实施如下（见表9）。

表9 "大敬节日"传统节日类型表

节日名称	活动内容	活动形式
春节	1. "春节全家福照片大征集"。 2. 春节故事、习俗。	黑板报展示 班级主题故事会

续 表

节日名称	活动内容	活动形式
元宵	1. 元宵节的习俗。 2. 故事分享。	班级主题队会 综合实践课上制作汤圆、煮汤圆
清明	1. "清明时节诗意浓"。 2. 清明节的习俗；祭扫。	黑板报展示 少先队扫墓
端午	1. "端午节"的来历。 2. "端午节"习俗。	主题队会 家乡端午节习俗分享
中秋	1. "我们的节日·中秋"。 2. 制作灯笼。	主题交流会 综合实践课上制作灯笼
重阳	1. "九九重阳节 浓浓敬老情"。 2. 感恩教育。	少先队走访敬老院
春节	游园迎新春；梦想畅谈会。	全校游园
二十四节气	二十四节气的由来及习俗。	品德与生活课程

(2) 现代节日

学校在开展"传统节日文化"教育的同时，还开展了"现代节日文化"教育，利用班队会开展"三八"国际劳动妇女节、"五一"国际劳动节、"六一"儿童节、教师节、国庆节等现代节日庆祝活动，要求内容鲜明、形式多样，培养孩子从小养成热爱劳动、珍惜生命、尊重他人、懂得感恩、热爱祖国的高尚情操。课程如下(见表10)。

表10 "大敬节日"现代节日类型表

节日名称	活动内容	活动形式
植树节	开展爱护地球，保护生态环境教育。	"保护环境"主题班队会
学雷锋纪念日	1. 学雷锋，做好事。 2. 善言善行，争当美德少年。	参加社区公益行动 美德少年评选

节日名称	活动内容	活动形式
"五一"劳动节	劳动最光荣,争当劳动小能手。	"劳动最光荣"主题班队会 全校卫生大扫除
儿童节	七彩童年庆"六一"活动。	新生入队仪式 "六一"儿童节展演
教师节	"特别的爱,送给特别的您"感恩祝福活动。	感恩祝福、贺卡传情——庆"教师节"
国庆节	我和我的祖国照片展;国庆故事。	摄影作品展览 观看纪录片《厉害了,我的国》
公祭日	南京大屠杀死难者国家公祭日默哀仪式。	主题队会

(3) 校园活动

学雷锋纪念日活动中,孩子唱有关雷锋的歌曲、诵有关雷锋的诗词、读雷锋日记,学习和践行雷锋精神;"母亲节"活动中,请孩子分享亲情故事,营造浓浓的感恩氛围;教师节、9月10日敬师节活动中,孩子学习孔子的睿智名言,制作敬师卡,弘扬尊师重教的优良传统;端午节活动中,孩子聆听屈原的故事、包粽子,了解屈原伟大的爱国情操;中秋节活动中,孩子做月饼、赏月、吃月饼、祭月,分享过中秋的体验;重阳节活动中,孩子了解重阳的习俗,感受浓浓的敬老情……节日文化活动加深了孩子对祖国文化的了解,进一步激发了孩子爱国爱乡爱家爱校的情怀。

成熟的课程体系是特色学校文化的依托,以"敬文化"为载体的"大视野课程"体系体现了校园精神,既有传统内涵又具有时代意义,引导师生追求高尚的道德情操,让大家产生强烈的精神归属感。

2. "大敬节日"的评价要求

在"大敬节日"系列活动中,我们注重对活动前期准备工作、策划内容、宣传、活动过程、活动内容与主题的联系、活动吸引力、现场情况、活动后期等方面的评价(见表11)。

表 11 "大敬节日"评价表

节日名称:		承办科组:		总分:
活动时间:		活动地点:		填表时间:
活动流程	评分项目	细则及得分	得分	填表人
活动前期 7分	1. 策划递交时间(含电子版)(7分)	1. 在规定时间内上交(7分) 2. 迟交三天以内(含三天)(3分) 3. 迟交三天以上(1分)		
策划内容 5分	1. 策划完整,主题明确,安排合理,内容符合相关规定(3—5分) 2. 策划整体良好,但主题不明确,安排未出现纰漏,内容符合相关规定(1—3分) 3. 策划内容不明确,不符合相关规定(0—1分)			
宣传 6分	1. 宣传方式符合相关规定,宣传效果较好(3—6分) 2. 宣传方式符合相关规定,宣传效果不好(1—3分) 3. 宣传方式不符合相关规定(0—1分)			
活动 7分	现场准备工作(7分)	1. 活动前准备完善,相关器材齐全(4—7分) 2. 活动前准备不完善,相关器材不齐全(1—3分)		
活动内容与主题联系 10分	1. 活动紧紧围绕主题,契合策划内容(6—10分) 2. 活动大体围绕主题,契合策划内			

续表

活动流程	评分项目	细则及得分	得分	填表人
	容(2—6分) 3. 活动偏离主题,与策划内容不契合(0—2分)			
活动吸引力 5分	1. 活动能吸引广大孩子与家长积极参与(3—5分) 2. 活动能吸引较多孩子及小部分家长参与(2—3分) 3. 活动仅能吸引小部分孩子参与(0—2分)			
现场情况 15分	1. 大部分观众积极融入活动中(10—15分) 2. 部分观众积极参与(5—10分) 3. 互动活动少(0—5分)			
组织情况 20分	1. 组织得井井有条,现场秩序良好(15—20分) 2. 组织得一般,场面有点混乱,但可正常进行(5—15分) 3. 活动无秩序,场面混乱(0—5分)			
收尾工作 10分	1. 活动结束后,保持场地整洁(6—10分) 2. 活动结束后,打扫不彻底,留下部分垃圾(2—6分) 3. 活动结束后,未进行收尾工作,场地凌乱(0—2分)			
活动后期 6分	总结材料是否完整及递交时间(含电子版)(6分)	1. 材料(总结、图片、报道)完整,按时递交(4—6分) 2. 材料不完整,但按时递交(1—4分);材料完整,迟交(1—4分) 3. 材料不完整,迟交(0—1分)		

续 表

活动流程	评分项目	细则及得分	得分	填表人
总结内容 9分	1. 总结深刻,真实反映活动情况(6—9分) 2. 总结大体能反映活动情况(2—6分) 3. 总结"假、大、空",内容模糊(0—2分)			
附加				

(六) 推行"大敬之旅",推进研学旅行课程的实施

为全面实施素质教育,深化基础教育课程改革,让孩子能在旅行的过程中陶冶情操、增长见识、体验不同的自然和人文环境、激发学习兴趣,全面提升孩子综合素质,结合我校实际,开发研学旅行课程。

1. "大敬之旅"的活动设计

(1) 开展春季社会实践活动——组织孩子以"我眼中的园林"为主题进行春季社会实践活动,增强孩子的环保意识,培养对于岭南文化的传承意识,锻炼孩子的自理能力,培养孩子团结协作的精神。

(2) 开展秋季社会实践活动——以"亲近自然,体验快乐"为主题的秋季社会实践活动,目的是让孩子走出校园,亲近自然,了解社会,感受秋天的气息,陶冶孩子的情操。培养孩子的团队意识、合作精神,丰富孩子课余生活,真正做到学习联系生活,让孩子体验集体同游的快乐。

(3) 暑假、寒假——在圆满地完成一学期的学习任务后,学校将进入暑假、寒假。为丰富孩子们的假期生活、增强其实践能力、培养其创新精神、促进其健康成长,每逢暑假、寒假时学校都制定假期活动计划,为每个孩子提供系统、科学的假期生活指导,让孩子度过一个安全、温馨、健康、快乐的假期。

2. "大敬之旅"的评价要求

在"大敬之旅"系列活动中,我们注重对课程目的、内容、活动过程、方式方法、活动效果等方面的评价,凸显灵动性评价(见表12)。

表12 "大敬之旅"评价表

指导教师		班级	
活动主题		时间	
评价项目	评价内容	权重	得分
目的、内容 20分	1. 目标明确。符合培养4种意识、4种能力,发展个性精神的要求。	5分	
	2. 内容实用。贴近孩子、贴近生活,丰富孩子的直接经验。	5分	
	3. 内容综合。引入多种信息,运用多门学科知识。	5分	
	4. 深浅适当。分量适当、题难易适当。	5分	
方式、方法 15分	1. 组织形式。不是课堂教学形式,具体组织形式得当。	5分	
	2. 孩子活动方法得当,多法结合。	5分	
	3. 教师指导方法得当。讲解时间不超过1/4。	5分	
活动过程 30分	1. 活动内务基本要素,能有机组合各要素。	18分	
	2. 活动步骤合理。活动准备、活动导入、活动展开、活动总结。	12分	
活动效果 35分	1. 孩子在教师的指导下自主思考、设计操作和解决问题。	10分	
	2. 孩子能积极主动地参与活动。主动活动面较广和主动活动量较大。	15分	
	3. 孩子具有一定的创造性,思路设计新颖,方式方法多样,有一定的活动成果。	10分	
总分			

综上所述,"大视野课程"扎根于具体情境,植根于儿童生活,有了自己的逻辑(见图2)。

著名作家学者戴英阐述过这样一个观点:"人,应当有所畏惧。"他认为这是一种对自我理性的约束。这就是:敬。理想的教育培养真正的人,让每一个从自己手里培养出来的人都能怀着"敬意"度过一生。这就是教育应该追求的恒久性、终极性价值。

总之,扎根性变革是在"大敬"文化的土壤中创生出"大视野课程",在课程的开发、实施、发展的道路上坚持理论与实践相结合,在实践中比较分析,创新课程的实施路径,既敬畏学校本源的文化根基,又在原始文化的基础上摸索新的具有可行性的道路。

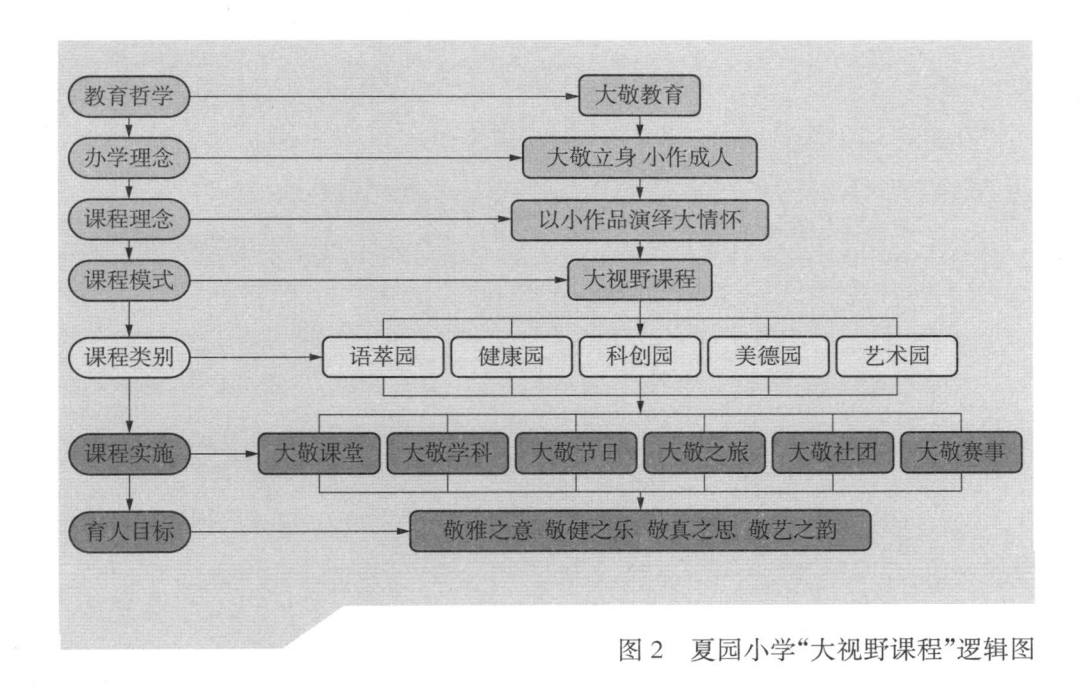

教育哲学	→	大敬教育
办学理念	→	大敬立身 小作成人
课程理念	→	以小作品演绎大情怀
课程模式	→	大视野课程
课程类别	→	语萃园　健康园　科创园　美德园　艺术园
课程实施	→	大敬课堂　大敬学科　大敬节日　大敬之旅　大敬社团　大敬赛事
育人目标	→	敬雅之意　敬健之乐　敬真之思　敬艺之韵

图2　夏园小学"大视野课程"逻辑图

第一章
大美语文：心灵回响的语文

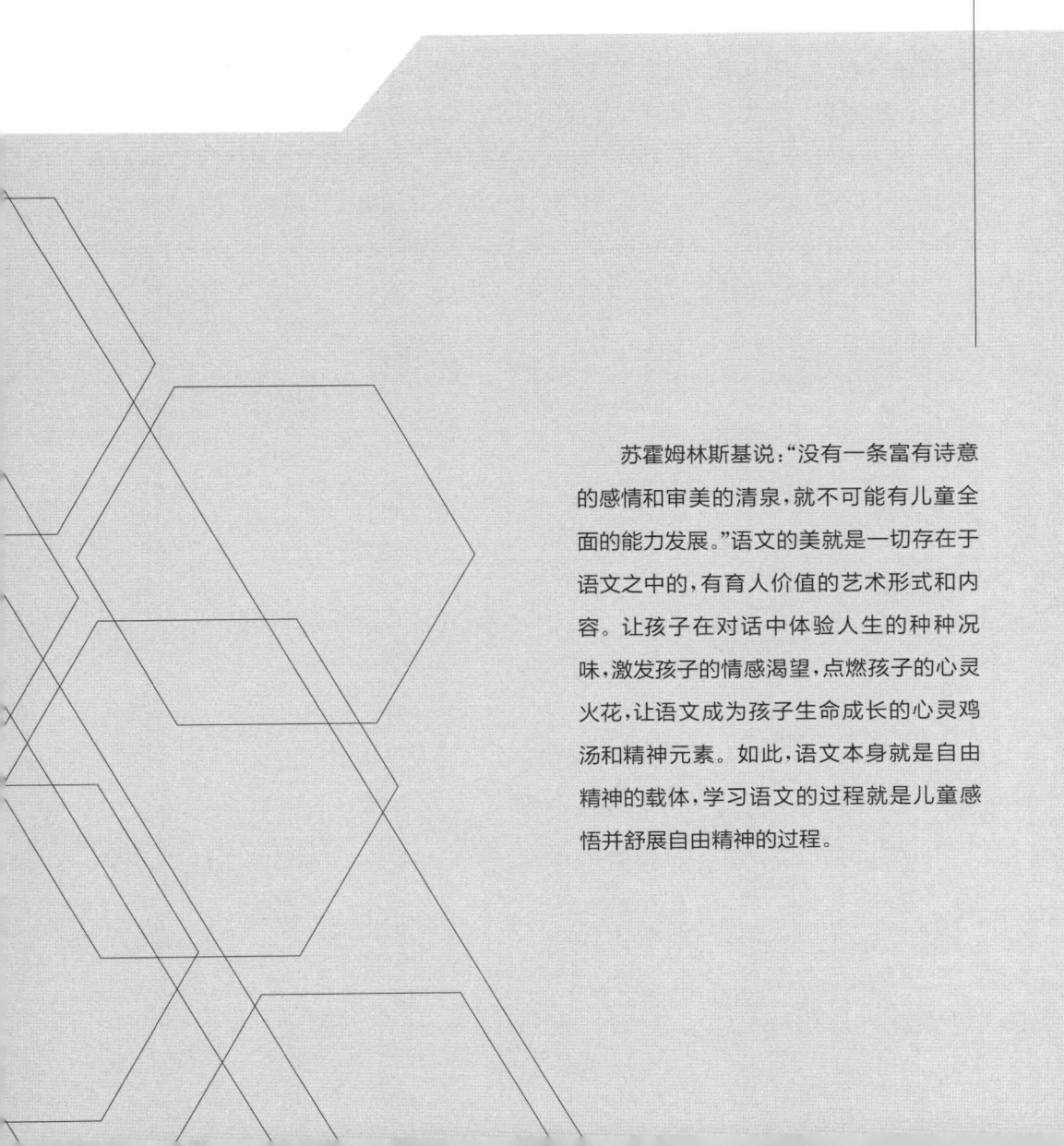

苏霍姆林斯基说："没有一条富有诗意的感情和审美的清泉，就不可能有儿童全面的能力发展。"语文的美就是一切存在于语文之中的，有育人价值的艺术形式和内容。让孩子在对话中体验人生的种种况味，激发孩子的情感渴望，点燃孩子的心灵火花，让语文成为孩子生命成长的心灵鸡汤和精神元素。如此，语文本身就是自由精神的载体，学习语文的过程就是儿童感悟并舒展自由精神的过程。

广州市黄埔区夏园小学语文科组，拥有12位优秀的语文教师，承担从一年级到六年级共12个班级的语文教学工作。其中在编的语文教师有6位，编外教师有2位，临聘教师有4位。他们具有较强的学科素养，充分发挥团队合力的作用，丰富的语文学科资源和深厚的语文文化底蕴促使夏园小学语文学科萌发出无限的活力。语文科组成员认真开展教研活动，积极参加市、区教育主管部门组织的各类教科研活动，在教学方面取得了一定成果。学校依据教育部《关于全面深化课程改革落实立德树人根本任务的意见》《义务教育语文课程标准（2022年版）》等政策文件精神，推进我校"大美语文"学科课程群建设，取得了可喜的成效。

第一节 提高儿童审美情趣的语文

《义务教育语文课程标准(2022年版)》对语文课程性质有如下表述:语文课程是一门学习国家通用语言文字运用的综合性、实践性课程。① 它强调语文课程的目标和内容须聚焦于"语言文字运用",突出"综合性""实践性"的特点。其中"学习国家通用语言文字运用"就是对语文课程核心任务的明晰表述。工具性与人文性的统一,是语文课程的基本特点。

一、学科价值观

语文课程应致力于孩子语文素养的形成与发展。《义务教育语文课程标准(2022年版)》对"语文素养"的基本内涵做了一个简要的说明:"义务教育语文课程培养的核心素养,是学生在积极的语文实践活动中积累、建构并在真实的语言运用情境中表现出来的,是文化自信和语言运用、思维能力、审美创造的综合体现。"②语文学科就是要引导孩子"学习祖国语言文字"。在学习语言文字的过程中,教会孩子正确运用祖国的语言文字,能看懂,会表达;在学习语言文字的过程中,教会孩子做人,做高尚的人,做对社会有益的人。

语言是文化的载体,语文课程的核心价值是以表达为核心,立足于民族语言的正确运用和贴切表达。依托语文课程的建设,将核心素养渗透在小学语文教学中,在审美鉴赏与创造中渗透核心素养,在日常生活中渗透核心素养,在文化传承中渗透核心素养,以语文课程为载体凸显核心素养在语文学科教学中的渗透与积累。

二、学科课程理念

语文课程具有丰富的趣味性,孩子的反应是多元的;语文课程具有实践性和生活

---

① 中华人民共和国教育部.义务教育语文课程标准(2022年版)[S].北京:北京师范大学出版社,2022:1.
② 中华人民共和国教育部.义务教育语文课程标准(2022年版)[S].北京:北京师范大学出版社,2022:4.

性,应通过语文实践活动培养孩子的语文能力。于是我们抛去了形式的外衣,寻求语文的精髓,在开发和实施过程中,注重身边的语文学习,从生活中学习语文,在语文中感受生活。苏霍姆林斯基说,没有一条富有诗意的感情和审美的清泉,就不可能有儿童全面的能力发展。这些都说明了:语文最具情感,语文充满灵性;语文教学应是洋溢生机、迸发激情、充满诗意的情感舞台。结合学校历史、文化、语文学科实际情况,我们提出了"大美语文"之理念——让心灵产生回响的语文。王崧舟先生曾言:"语文教学过程就是一个'物我回响交流'的过程。这是精神的自由交流,是思想火花的碰撞。在对话中体验人生的种种况味,激发孩子的情感渴望,点燃孩子的心灵火花,让语文成为孩子生命成长的心灵鸡汤、精神元素。这是诗意语文、诗意课堂的应有之义。"语文本身就是自由精神的载体,那么语文教育的过程,应该是孩子感悟并舒展自由精神的过程。诗意语文,是一种极具个性色彩的语文,"有一千个读者就会有一千个哈姆雷特"。因此它要求尊重个体、高扬个性,尊重孩子对文本的独特体验。①

(一)"大美语文"是生活的语文

《义务教育语文课程标准(2022年版)》提出了"综合性学习"的要求,以加强语文课程和其他课程及生活的联系,促进孩子语文素养的整体推进和协调发展。语文素养是指能适应生活需要的、整合的、具有可持续发展前景的综合素养。要培养这种以促进人的发展为宗旨的综合素养,必须将教育与生活紧密相连。因此,我认为让语文教学与孩子的心灵相通,让语文课堂与社会天地交融,使文教学突破"应试语文"的束缚而成为"生活语文"势在必行。我们主张语文讲读"生活化",是指课堂语文讲读要面对孩子的生活实际,寻找课文内容与孩子生活的最佳结合点,使课文走进孩子的生活,同时又让孩子进入作者的心灵。②

(二)"大美语文"是体验的语文

课堂是点燃儿童好奇与智慧的火把。而给予火种的通常是课堂中发现的一个个具有挑战性的问题。从问题出发,培养孩子发现问题、提出问题、分析问题、解决问题的能力和思考的习惯。课堂中引导孩子发现问题、提出问题,组织孩子自主、合作探究,开展各类实践活动来解决问题,如有新的疑惑生成,再继续引发儿童思考探索……

---

① 王崧舟.诗意语文挥洒诗意人生(下)[J].中华活页文选(教师版),2017(02):10—14.
② 林秀菊.开生活之源　导语文之流[J].陕西教育(教学),2005(07):23.

这样的过程本身就是一种体验;这样的课堂,它让孩子们怀揣问题而来,走出课堂的时候他们仍然面对问号,怀抱好奇。课堂成了他们探索生活世界的窗口。

(三)"大美语文"是美的语文

教育的本质是人的教育,任何教育都强调人的生活态度、人生观、人格修养方面的培养,即人文精神的培养。美育是培养人的审美品质和精神面貌的有效途径之一。语文教育教学中大量美的元素的开发与利用,应对培养孩子的审美意识、审美情趣和审美能力具有积极的意义。语文教师要做的就是展现语文的美,引领孩子在语文课堂中捕捉美、体验美、理解美,进而去创造美。"感人心者,莫先乎情。"语文教材选取了大量感人至深的美文。在学习、探究这类文章时,教师如果自己受到文章的感染,能够变课文中的彼情彼景为课堂上的此情此景,那就很容易让孩子融入此景、感受此情。该亢奋时引领孩子激动,该悲壮时教师应肃然,该委婉时可以让孩子感到温润清丽,以教师之琴引起孩子感到之瑟的和鸣,让他们在不知不觉中得到美的情感体验,"心有戚戚焉"。

(四)"大美语文"是开放的语文

语文不是孤立的学科、静态的课程,而是渗入儿童生活,由儿童亲身经历参与,动态生成的课程。它引领儿童用语文的眼光去观察生活、体验生活、表达生活,到生活中去发现、开掘语文的学习资源与实践机会,让儿童在生活中学习语文,运用语文,让能力在实践的土壤中茁壮成长。开放的视野引领孩子从课内走向课外,从教室走向社会,从书本走向实践,开创语文教学的海阔天空。"开放语文"是广大的!

因此,我们将"大美语文"学科课程理念确定为:让心灵产生回响的语文。"大美语文"顺应孩子学习语文时的天性,研究孩子在语文学习中的真实需求;善待孩子在语文学习过程中的个体差异,探寻孩子在语文学习中遇到的真实问题。"大美语文"滋润师生自然生长,激励师生自信生长,引导师生自由生长,实现师生自觉生长。

第二节 用语文思维培育核心素养

《义务教育语文课程标准（2022年版）》①指出：义务教育阶段的语文课程，应使学生初步学会运用国家通用语言文字进行交流沟通，吸收古今中外优秀文化成果，提高思想文化修养，建立文化自信，德智体美劳得到全面发展。① "大美语文"提倡培养孩子的审美意识和审美能力，以语言文字的感受和品味为逻辑起点，在丰富的审美体验中培养审美感悟能力。叶继奋认为，形式是走向文本深处、打开作品"天堂之门"的钥匙。② 通过举办一系列活动，将孩子和作者这两者的情感调整到适宜的距离，从而创设出物我同一、情景交融的美妙境界，让孩子们参与创作，走进作品，从而理解人物、理解作者。"大美语文"课程旨在想尽办法丰富孩子的审美体验，并催生他们独特的审美体验。

一、学科课程总体目标

根据《义务教育语文课程标准（2022年版）》的要求，学校语文学科课程的总体目标是：在语文学习过程中，培养爱国主义、集体主义、社会主义思想道德，逐步形成正确的世界观、人生观、价值观。热爱国家通用语言文字，感受语言文字及作品的独特价值，认识中华文化的丰厚博大，汲取智慧，弘扬社会主义先进文化、革命文化、中华优秀传统文化，建立文化自信。关心社会文化生活，积极参与和组织校园、社区等文化活动，发展交流、合作、探究等实践能力，增强社会责任意识。感受多样文化，吸收人类优秀文化的精华。认识和书写常用汉字，学会汉语拼音，能说普通话。主动积累、梳理基本的语言材料和语言经验，逐步形成良好的语感，初步领悟语言文字运用规律。学会使用常用的语文工具书，运用多种媒介学习语文，初步掌握基本的语文学习方法，养成良好的学习习惯。学会运用多种阅读方法，具有独立阅读能力。能阅读日常的书报杂志，初步鉴赏文学作品，能借助工具书阅读浅易文言文。学会倾听与表达，初步学会用

---

① 中华人民共和国教育部.义务教育语文课程标准（2022年版）[S].北京：北京师范大学出版社，2022：2.
② 黄厚江.以美启美：追求语文教学审美诸元的共生——谈核心素养"审美鉴赏与创造"的培养[J].语文教学通讯，2019(07)：26—31.

口头语言文明地进行人际沟通和社会交往。能根据需要,用书面语言具体明确、文从字顺地表达自己的见闻、体验和想法。积极观察、感知生活,发展联想和想象,激发创造潜能,丰富语言经验,培养语言直觉,提高语言表现力和创造力,提高形象思维能力。乐于探索,勤于思考,初步掌握比较、分析、概括、推理等思维方法,辩证地思考问题,有理有据、负责任地表达自己的观点,养成实事求是、崇尚真知的态度。感受语言文字的美,感悟作品的思想内涵和艺术价值,能结合自己的经验,理解、欣赏和初步评价语言文字作品,丰富自己的情感体验和精神世界。能借助不同,媒介表达自己的见闻和感受,学习发现美、表现美和创造美,形成健康的审美情趣。①

为了实现"大美语文"课程总目标的要求,着力培养孩子的语文核心素养,使每个人都能获得良好的语文教育,唤醒孩子的语文意识,提出如下"大美语文"课程的具体目标。

二、学科课程年级目标

根据《义务教育语文课程标准(2022年版)》的要求,结合各年级教材和教学用书,制定以下的学科课程年级目标。

(一)一年级单元目标表(见表 1-2-1)

表 1-2-1 "大美语文"一年级单元目标表

单元	上学期	下学期
第一单元	共同目标 1. 认识本单元 40 个生字,会写 17 个生字和 10 个笔画。 2. 学习利用已有的生活经验,借助象形字识字、看图识字、对对子识字等多种方法识字。初步了解汉字的文化内涵,产生主动识字的愿望。 3. 背诵课文《金木水火土》《对韵歌》。	共同目标 1. 会认 51 个生字,会写 28 个生字。 2. 正确、流利、有感情地朗读识字韵文,并能背诵部分韵文。 校本目标 1. 通过学习,让孩子知道识字可以通过多种途径,激发孩子识字的兴趣。 2. 培养孩子的观察能力和阅读能力,

---

① 中华人民共和国教育部. 义务教育语文课程标准(2022 年版)[S]. 北京:北京师范大学出版社,2022:6—7.

续 表

单元	上学期	下学期
	4. 养成良好的学习习惯,特别是读书和写字的习惯。 **校本目标** 1. 学会清晰表达,爱护自己,尊敬别人,热爱大自然,热爱动物;对交流有兴趣,感受交流的快乐。 2. 学会用较慢的速度朗读、背诵课文。 3. 了解课外阅读的途径,感受课外阅读的快乐;乐于和大家分享课外阅读成果。	引导孩子收集有关春天的词语,用自己喜欢的方式来表现春天。
第二单元	**共同目标** 1. 学会汉语拼音,能读准声母、韵母、声调和整体认读音节,能准确拼读音节,正确书写声母、韵母和音节。 2. 能借助汉语拼音识字、正音、学说普通话。 3. 会认21个生字。 **校本目标** 1. 激发孩子学习汉语拼音、学习语文的兴趣。 2. 给孩子以美的熏陶、情的感染和理的启迪,激励孩子积极向上。	**共同目标** 1. 认识并会写本单元生字。要求会认的字能读准字音,结合词句等语言环境了解意思;要求会写的字能读准字音,认清字形,了解意思,正确书写,并练习运用于口头和书面语言的表达之中。 2. 正确、流利、有感情地朗读课文。注意个别词语的正确读法;注意读好长句子和问句。 3. 通过"语文园地二"中的各种活动积累知识,提高语文素养。 **校本目标** 热爱大自然,学会感恩,学会想象。
第三单元	**共同目标** 1. 听读儿歌,感受成为小学生的喜悦,体会与家庭生活、幼儿园生活的不同。 2. 认识老师、同学,感受同学间的友爱,参观校园,初步树立小孩子的角色意识。 3. 了解语文学习的基本内容和意义;初步体会正确的读书、写字姿势和执笔方法。 4. 通过听故事、讲故事,感受语文学习的快乐。 **校本目标** 1. 知道中国是我们的祖国,初步了解我国是一个多民族的国家。	**共同目标** 1. 会认37个生字,会写20个生字,进一步养成良好的书写习惯。学会3个偏旁,学习4个多音字。 2. 学习并积累AABB式和描述动作的相关词语。 3. 正确、流利、有感情地朗读课文,提高朗读能力,背诵古诗《赠汪伦》。 4. 理解课文内容,能用自己的话说说课文的主要内容。初步体会友情的可贵,养成主动关心他人,帮助他人的良好品质。

续 表

单元	上学期	下学期
	2. 感受作为中国人的自豪感。	5. 学会用音序查字法查字典,对识字产生兴趣。 校本目标 1. 通过课文的学习和课外朗读,懂得为他人付出是一种快乐。 2. 能主动寻求别人的帮助,说清寻求帮助的原因,同时会使用文明用语。
第四单元	共同目标 1. 会认44个生字,会写16个生字,规范书写生字。 2. 正确、流利地朗读课文,背诵课文,感受学习语文的乐趣。 3. 把识字与看图、学词、读文结合起来,认清字形,正确书写。 校本目标 1. 培养观察力、感受力,能联系生活实际,感受自然的美好。 2. 体会美就在身边,产生热爱大自然的情感,并从小事做起,用行动保护大自然。	共同目标 1. 会认54个生字,会写28个生字。 2. 正确、流利、有感情地朗读课文,并能背诵部分课文。 3. 通过"识字加油站"和读好轻声的词语,对识字产生兴趣。 校本目标 1. 会读会背古诗,养成诵读经典古诗词的习惯。 2. 通过课文的学习和课外朗读,感受语言文字的魅力。
第五单元	共同目标 通过偏旁归类、反义词识字等方法,认识"远、色"等10个生字和走之底、斜刀头2个偏旁;会写"水、去"等4个字。 校本目标 正确朗读、背诵古诗。图文结合,感受诗中描绘的景象。	共同目标 1. 会认57个生字,会写28个生字。 2. 正确、流利、有感情地朗读课文,并能背诵部分课文。 3. 通过"识字加油站"认识同偏旁的字,对识字产生兴趣。 4. 会读会背古诗,养成诵读经典古诗词的习惯。 5. 通过课文的学习和课外朗读,感受语言文字的魅力。 校本目标 通过学习如何打电话,懂得怎样和别人交流,学会做一个讲文明、有礼貌的好孩子。

单元	上学期	下学期
第六单元	共同目标 1. 认识43个生字、10个偏旁和2个多音字；会写17个字和3个笔画。 2. 学习分角色朗读课文，能模仿人物说话的语气。认识逗号和句号，根据标点读好停顿，初步建立句子的概念。 3. 学会用"前、后、左、右"4个方位词说话。积累：一问一答的语言表达，积累由生字拓展的新词。 4. 背诵《比尾巴》《古朗月行》(节选)。 5. 知道根据场合，用合适的音量与人交流是讲文明、有礼貌的表现。 校本目标 1. 知道汉字有"上下结构"和"左右结构"，学习把字按结构进行归类。 2. 借助拼音读通儿歌，巩固方位词"前、后、左、右"，了解方位词"东、南、西、北"。 3. 交流在生活中自主识字的成果，培养自主识字的习惯。感受儿歌的生动有趣，了解动物都有自己不同的活动方式。	共同目标 1. 会认45个生字，会写21个生字。 2. 正确、流利、有感情地朗读课文，并能背诵部分课文。 3. 通过"识字加油站"和字词句的运用，对识字学词，积累经典语句产生兴趣。 校本目标 1. 会读会背有关天气的谚语。 2. 通过课文的学习和课外朗读，感受夏天的美和快乐。
第七单元	共同目标 1. 会认"睡、那、海"等38个生字，会写"才、明、同"等11个字，认识"目、彳、宀"等5个偏旁。 2. 能正确、流利、有感情地朗读，体会如何进行观察，如何展开联想与想象，表达自己独特的感受。 校本目标 培养孩子的识字能力、阅读能力，并抓住每篇文章的情感教育渗透点，进行思想品德教育。	共同目标 1. 会认59个生字，会写27个生字。 2. 正确、流利、有感情地朗读课文，并能背诵部分课文。 3. 通过"识字加油站"和字词句的运用，对识字产生兴趣。 校本目标 1. 会读会背名言警句，养成积累好句的习惯。 2. 通过课文的学习和课外朗读，懂得如何明理做人。
第八单元	共同目标 1. 认识本单元44个生字和2个偏旁，会正确书写"竹、牙"等18个字和1个笔画。 2. 了解汉字"先中间后两边""先外后内"的笔	共同目标 1. 会认45个生字，会写21个生字。 2. 正确、流利、有感情地朗读课文，并能背诵部分课文。

续表

单元	上学期	下学期
	顺规则,在田字格中正确书写。掌握正确的写字姿势,努力养成良好的写字习惯,初步感受汉字的形体美。 3. 正确、流利地朗读课文;背诵《雪地里的小画家》。把《春节童谣》读给大人听,分享过年的乐趣。 4. 能找出课文中明显的信息;借助图画,自主阅读不全文注音的课文。认识自然段。 校本目标 1. 通过学习课文,了解一些自然常识,乐于观察自然、观察生活。拓展、积累由熟字构成的12个新词,学习写新年贺卡。 2. 与人交流,能大胆说出自己的想法。	3. 通过"识字加油站"和"我的发现",对识字学词产生兴趣。 校本目标 1. 会读会背古诗,养成诵读经典古诗词的习惯。 2. 通过课文的学习和课外朗读,对科学产生浓厚的兴趣,产生探索、发现的欲望。

(二) 二年级单元目标表(见表1-2-2)

表1-2-2 "大美语文"二年级单元目标表

单元	上学期	下学期
第一单元	共同目标 1. 认识51个生字,读准4个多音字,会写30个字,会写25个词语。联系生活,学习与野外活动有关的8个词语。 2. 正确、流利地朗读课文,分角色朗读《小蝌蚪找妈妈》,背诵《植物妈妈有办法》。积累并运用表示动作的词。 3. 借助图片或关键词,了解课文内容。能提取明显的信息,再交流。 4. 激发热爱大自然的情感,产生探索大自然中的科学奥秘的兴趣。 校本目标 1. 写好左右结构的字,养成良好的写字习惯。	共同目标 1. 认识53个生字,1个多音字,会写34个字,会写34个词语。 2. 正确、流利地朗读课文,能注意语气和重音。背诵《古诗二首》。 3. 能用自己的话说出诗句描述的春天美景;了解课文内容,能说出孩子们找到的春天是什么样的,能借助插图,说出邓爷爷植树的情景。 校本目标 1. 能用恰当的语气与别人交流,避免使用命令的语气。 2. 能根据语境补充合适的词语,仿照例

49

续 表

单元	上学期	下学期
	2. 背诵古诗《梅花》，阅读童话故事《企鹅寄冰》，明白故事中的道理，体会阅读的乐趣。	句说出自己在春天里的发现和感受。 3. 自主阅读《笋芽儿》，能发挥想象理解内容，了解笋芽儿的成长过程。
第二单元	共同目标 1. 认识本单元的62个生字，读准2个多音字，会写40个字，能用部件归类法识字，会写28个词语。 2. 结合图画识字学文，了解形声字形旁表义、声旁表音的特点。 3. 了解数量词的不同用法，能在生活情境中恰当运用数量词。 4. 背诵《场景歌》《树之歌》《拍手歌》《田家四季歌》。 校本目标 1. 初步了解不同树木的基本特点和四季农事，懂得动物是人类的朋友，感受农民的辛勤劳作和丰收的喜悦，体会大自然的丰富美妙，对大自然产生喜爱之情。 2. 懂得阅读时遇到不认识的字可以用部首查字法查字典，初步建立部首的概念，学会用部首查字法查字典。 3. 朗读、背诵积累的名言警句。 4. 阅读《十二月花名歌》，了解十二月花事，感受大自然的奇妙。	共同目标 1. 认识43个生字，读准1个多音字，会写27个字，会写29个词语。 2. 能正确、流利地朗读《雷锋叔叔，你在哪里》，能默读《千人糕》，能试着有感情地朗读《一匹出色的马》。 3. 能用多种方法猜测词语意思，并说出了解词语意思的方法。 校本目标 1. 懂得关心帮助他人、珍爱劳动成果，与家人相亲相爱。 2. 展示书写成果，能交流书写的经验和体会。 3. 能根据提示，写自己的一个好朋友。
第三单元	共同目标 1. 认识本单元的66个生字，读准4个多音字，会写38个字，会写29个词语。了解词组的结构特点。能正确辨析与运用同音字。 2. 正确、流利地朗读课文。 3. 了解关键词句的意思，能用指定的词语写句子。学习用"一边……一边……"造句。 4. 借助关键词句，理解课文内容，讲讲故事。	共同目标 1. 认识60个生字，读准多音字，会写36个字，会写37个词语。 2. 能利用韵语、形旁与字义的联系，借助图片识字。 3. 能在语言环境中初步感受"奔""涌""长""耸"的表达效果；能说出用"炒、烤、烧"等方法制作的美食。 4. 积累"华夏儿女、炎黄子孙"等词语。

续 表

单元	上学期	下学期
	5. 能针对问题,说出自己的感受或想法。 校本目标 1. 写写自己喜欢的玩具。学习"在方格纸上写,标点符号占一格"等基本写话格式要求。 2. 学习制作积累卡,交流课内外积累的词句,初步养成积累的好习惯。 3. 背诵古诗《小儿垂钓》。 4. 阅读《王二小》,感受王二小的机智勇敢。	5. 能把自己长大后想干什么说清楚,简单说明理由。 校本目标 1. 能按顺序背诵十二生肖,初步了解生肖文化。 2. 阅读《小柳树和小枣树》,了解小柳树想法的变化,能明白事物各有长处的道理。
第四单元	共同目标 1. 认识65个生字,读准3个多音字,会写38个字,会写37个词语。增强在生活中主动识字的意识。 2. 能联系上下文和生活经验,理解词句的意思。能够用"像"造句。 3. 展开想象用自己的话说说诗句描绘的画面,初步感受大自然的神奇、壮丽。 4. 能正确、流利地朗读课文,理解课文内容,背诵古诗和指定的课文段落。 5. 仿写句子,提升写话能力。积累词语,并能够运用。 6. 产生认识家乡、赞美家乡的情感。 7. 学习写留言条。 校本目标 1. 发现描写颜色的词语的构词规律,并积累相关的词语。 2. 背诵积累的风景名句,初步感受山河的壮美。 3. 阅读《画家乡》,感受家乡的美。	共同目标 1. 认识48个生字,读准2个多音字,会写34个字,会写35个词语。 2. 能正确、流利地朗读课文。默读课文《枫树上的喜鹊》。 3. 能用自己的话说出《彩色的梦》中彩色铅笔画出的梦;能说出《枫树上的喜鹊》中"我"喜欢的是什么;能就《我是一只小虫子》中自己感兴趣的内容与同学交流。 4. 能根据情境展开想象,仿照课文相关段落或语句,把想到的内容写下来;能根据提示,用上提供的词语编故事。 校本目标 1. 能把自己积累的描写心情的词语分类写下来;能仿照例句,用"一会儿……一会儿……一会儿……"造句。 2. 能根据提示看图发挥想象,借助词语按时间顺序把小动物们一天的经历写下来。 3. 自主阅读《手影戏》,能了解内容,感受手影戏的有趣。

续 表

单元	上学期	下学期
第五单元	共同目标 1. 认识44个生字,读准3个多音字,会写24个字,会写21个词语。能根据字义猜偏旁,进一步领悟汉字形旁表义的特点。 2. 分角色用不同的语气朗读课文,读好对话。 3. 联系生活实际,初步体会课文讲述的道理。 4. 结合课后题,感受和体会语言表达的多样性,学习表达。 5. 知道和别人商量事情,要用商量的语气,并把自己的想法说清楚。 6. 积累带"言、语"的四字词语,能猜测词语意思。 校本目标 1. 了解汉字"左短右长""右短左长"的间架结构,在田字格中练习书写。 2. 阅读《刻舟求剑》,和同学交流阅读后的感受。	共同目标 1. 认识41个生字,会写25个字,会写24个词语。 2. 能用恰当的语气正确、流利地朗读课文。分角色朗读《小马过河》。 3. 能说出"亡羊补牢""揠苗助长"两个成语的意思;能用自己的话说出看到"我"画的杨桃,老师和同学们的做法有什么不同;能用上提供的词语,复述《小马过河》的内容。 4. 能根据课文内容,说出自己的简单看法。 5. 比较句子的不同,能体会句子加上"赶紧""焦急地"等修饰词语的好处。 校本目标 1. 能主动发表关于图书角管理方法的意见。 2. 交流时,能做到等别人说完再发表自己的意见。 3. 自主阅读《好天气和坏天气》,联系生活经验,理解老爷爷说的话。
第六单元	共同目标 1. 认识55个生字,读准3个多音字。会写24个生字,会写40个词语。在识字中学词,认识常见的交通工具。根据语境读准多音字,学习多音字据义定音的方法。 2. 正确、流利地朗读课文。借助词句,能讲述课文内容。 3. 发现"放、防、房"的读音与"方"很接近,了解形声字声旁表音的构字规律。给句子加上恰当的标点。 4. 感受先贤、先辈心系百姓、无私奉献的精神,并由衷地产生敬意。	共同目标 1. 认识本单元44个生字,会写35个字。会写36个词语,能说说诗句描绘的画面;能在语境中体会运用"压、垂、挂"等词语的好处。 2. 读课文,能提取主要信息,说出雷雨前后景色的变化,"天然的指南针"怎样帮助人们辨别方向和太空生活中的趣事。 3. 能正确书写"含、迎"等容易多写或少写笔画的字,以及"荡、满"等结构易错的字;能联系语境猜测词语的意思。

续　表

单元	上学期	下学期
	5. 积累"洪水、防洪"等词语,学习动词与名词的搭配。 校本目标 1. 观察图画,了解每幅图的意思,能按顺序讲清楚图意。认真听,知道别人讲的是哪幅图的内容。 2. 收集一组励志名句,初步感受名句蕴含的道理。 3. 阅读民间故事《鲁班造锯》,感受鲁班的智慧。	校本目标 1. 能展示如何建立和管理班级图书角,有喜欢读书的习惯。 2. 能背诵古诗《悯农(其一)》。 3. 自主阅读《最大的"书"》,感受川川的勤学好问,有了解大自然的兴趣。
第七单元	共同目标 1. 认识47个生字,读准1个多音字,会写24个字,会写26个词语。联系生活学习与自然风光有关的4组词语。 2. 正确、流利地朗读课文;背诵古诗《夜宿山寺》《敕勒歌》;学习默读,试着做到不出声。 3. 图文对照,想象画面,大致理解古诗的意思;想象对话,体会雾的顽皮淘气;在想象中续编故事,感受雪孩子的勇敢善良。 4. 通过句子的对比、朗读与抄写,感受语言表达的具体生动。 校本目标 1. 学习用部首查字法查独体字;积累并运用描写天气的8个四字词语;学习拟人句,体会句子的有趣。 2. 观察图画,展开想象,续编故事。 3. 展示、交流改正错别字的方法,复习、巩固易错字的正确写法。 4. 熟悉民谣《数九歌》。 5. 阅读绕口令《分不清是鸭还是霞》,感受绕口令的情趣。	共同目标 1. 认识51个生字,读准4个多音字。会写33个字,37个词语。 2. 正确、流利地朗读课文,能读好问句,能分角色表演《青蛙卖泥塘》。 3. 能画出大象的想法,说出大象的想法是怎么改变的;能借助提示讲《蜘蛛开店》《小毛虫》的故事;能说出青蛙为卖泥塘做了哪些事,最后为什么又不卖泥塘了。 校本目标 1. 写清楚自己想养小动物的理由。 2. 发现"又、土"等字作偏旁时的笔画变化,发现"车、牛"等字作偏旁时的笔画及笔顺变化,写好"动、转"等字。 3. 背诵《二十四节气歌》。 4. 自主阅读《月亮姑娘做衣裳》,发挥想象,理解故事内容,感受故事的有趣。

续 表

单元	上学期	下学期
第八单元	共同目标 1. 认识60个生字,读准2个多音字,会写32个字,会写31个词语。 2. 综合运用多种方法自主识字、自主阅读,读懂课文。 3. 借助提示,复述课文。继续学习默读,试着做到不出声。 4. 通过故事内容,感受应该怎样与人相处。 5. 猜读拟声词,并根据语境,选择合适的词语放入句子中读一读。 校本目标 1. 了解左右结构的汉字中左右宽窄大致相等的字的书写要点,尽量减少修改次数,养成良好的书写习惯。 2. 积累含有动物名称的四字词语。 3. 阅读童话故事《称赞》,感受称赞给生活带来的美好和快乐。	共同目标 1. 认识本单元33个生字,会写26个字。会写44个词语。 2. 能结合语境体会表示动作的词语的恰当运用。 3. 默读课文《羿射九日》,能根据表格的提示讲述课文内容,能就自己觉得神奇的内容和同学交流。 校本目标 1. 积累与快慢有关的近义词语,能选用词语造句;能根据提示想象画面,仿照例句写句子。 2. 了解示字旁和衣字旁、两点水和三点水所代表的不同意义,能区分偏旁相似的汉字表示的意思。 3. 自主阅读《李时珍》,了解李时珍和他编写《本草纲目》的艰辛历程。

(三) 三年级单元目标表(见表1-2-3)

表1-2-3 "大美语文"三年级单元目标表

单元	上学期	下学期
第一单元	共同目标 1. 阅读时,关注有新鲜感的词语和句子。3篇课文中的语句表达非常精妙,学会抓住关键词句理解课文。比如,《大青树下的小学》中提到的"傣族、景颇族、阿昌族、德昂族"使孩子感到这是一所体现民族大团结的学校。《花的学校》中的"湿润的东风走过荒野,在竹林中吹着口笛"是拟人句,使花草树木皆有童趣;《不懂就要问》中的	共同目标 1. 认识28个生字,读准4个多音字,会写36个字,会写34个词语。 2. 能正确、流利、有感情地朗读课文。背诵古诗和指定的课文段落。默写《绝句》。 3. 能试着一边读一边想象画面。能积累"剪刀似的尾巴"等短语,体会优美生动的语句并摘抄。

续　表

单元	上学期	下学期
	"学问学问,不懂就要问。为了弄清楚道理,就是挨打也值得"使孩子感受到孙中山勤学好问的精神。 2. 在学习中感受这些词句的含义,学会积累,学会体会。 **校本目标** 学习书面表达,体会习作的乐趣。本单元安排了习作训练《猜猜他是谁》,本单元是三年级上册的第一个单元,意味着孩子第一次接触到书面表达,第一次有了习作的概念。学会先说后写,抓住人物主要特点写,学习习作的格式。	4. 能仿照课文中的片段,写一种自己喜欢的植物。 5. 能向同学推荐春游值得去的地方,说清楚好玩之处和可以开展哪些活动。在讨论交流时,能耐心听别人把话讲完,尽量不打断别人。 **校本目标** 1. 观察一种植物,做简单的记录卡。能借助记录卡,写清楚植物的样子、颜色等,并写出自己的感受。能体会语句的优美生动。 2. 能运用偏旁归类的识字方法认识"援、掷"等9个生字。识记"救援、投掷"等9个词语;能辨析近义词,在具体语境中正确运用词语。 3. 能仿照例句,写出一种小动物的外形特点。 4. 朗读、背诵《忆江南》,大致理解这首词的意思。
第二单元	**共同目标** 1. 学会用查字典、借助注释、联系上下文等多种方法理解词语本单元的四篇课文,语言非常优美、生动,有些词语对于大家来说比较陌生,特别是《古诗三首》的字词比较难理解。 2. 教学时给足孩子时间,引导他们学会用恰当的方法理解词语。 **校本目标** 体会作者丰富的想象和独特的感受。每篇课文中作者在描写自然景物时都运用了想象,写出了自己的独特感受。教学中要抓住课文重点,引导孩子在学习过程中获得真实的体验和感受,还要充分利用多媒体教育资源,用声音和光影把学生带入到课文描述的情境中,	**共同目标** 1. 认识27个生字,读准4个多音字,会写31个字,会写32个词语。 2. 能正确、流利、有感情地朗读课文。背诵《守株待兔》。 3. 能结合相关语句,体会人物不同的性格特点。读懂故事,明白道理。 4. 能借助注释读懂文言文。能结合生活实际发表自己对故事的看法。 5. 积极参与讨论,能明自己的观点,并说清楚理由。 6. 能一边听一边思考,想想别人讲的是否有道理,尊重不同的想法。能按一定的顺序观察图画,展开想象。

续 表

单元	上学期	下学期
	让孩子去感受和体会,并学会在今后的习作中尝试运用想象的手法。	校本目标 1. 能把自己看到的、想到的写清楚。能与同学分享习作,并能根据同学的意见修改。 2. 能结合自己的阅读体验,梳理、总结对寓言的体会和认识。 3. 能发现"源源不断、无忧无虑"等词语的特点,并能写出相同结构的词语。能仿照例句写出带有动作、神态描写的提示语。 4. 能按照正确的格式写一个通知。
第三单元	共同目标 感受童话中生动有趣的形象。本单元的4篇童话,都塑造了生动有趣的人物形象,如:《去年的树》中信守诺言的小鸟;《那一定会很好》中牺牲自己、把方便献给大家的大树;《在牛肚子里旅行》中遇事冷静、见多识广、机智的青头;《一块奶酪》中以身作则、严于律己的蚂蚁队长。教学时,通过分角色朗读,感受人物鲜明的形象,体会童话给予我们的启示。 校本目标 学会讲故事、演故事、编写童话故事。每篇童话都非常生动有趣,易于把握内容,学完后把故事讲给别人听,最好能演一演故事。还要在了解童话的基础上,展开丰富的想象,根据提示词语来创编童话故事。	共同目标 1. 认识36个生字,读准7个多音字,会写37个汉字,会写50个词语。 2. 能背诵、默写指定的古诗。抄写指定的课文段落。 3. 能根据要求提取段落中的重要信息,并对有关的现象或成因作出解释。 4. 了解课文相关段落是怎样围绕一个意思写清楚的。 校本目标 1. 能用不同方式收集、介绍我国传统节日的资料,并记录这些节日的相关风俗。 2. 能就自己感兴趣的一个传统节日写一篇习作,写清楚过节的过程。 3. 以适当的方式展示综合性学习的成果。 4. 能对其他小组的展示活动作出评价,提出改进建议。
第四单元	共同目标 一边读,一边预测,顺着故事情节去猜想,感受阅读的乐趣。本单元的3篇课文都安排了与预测有关的内容。学习《总也倒不了的老屋》	共同目标 1. 认识本单元26个生字,会写25个字,会写45个词语。 2. 正确、流利地朗读课文,能背诵指定

单元	上学期	下学期
	时,练习根据故事情节预测故事,学习《胡萝卜先生的长胡子》时,练习续编故事接下来的情节,学习《不会叫的狗》时,训练预测故事的结局。教学时注意引导孩子在学习课文时一定要分配充裕的时间进行预测训练。 **校本目标** 1. 阅读课外书,一边读,一边预测,顺着故事情节去猜想,感受阅读的乐趣。 2. 创编童话。	的段落。 3. 默读课文,能借助关键语句概括一段话的大意,读懂课文内容,感受观察和发现带来的乐趣。 4. 能体会并积累课文中生动、准确的词句,能借鉴课文的表达仿写句子。 5. 能借助图表记录自己做过的一项小实验,能按顺序将实验过程写清楚。 6. 能根据要求与同学互评习作,并尝试用修改符号修改自己的习作。 **校本目标** 1. 知道能借助关键语句或关键语句的提示概括一段话的大意,把握关键语句的不同位置。 2. 能仿照例子,写下自己的观察和思考。 3. 学习"对调"和"移动"两种修改符号,并尝试运用。 4. 朗读、背诵古诗《滁州西涧》。
第五单元	**共同目标** 1. 体会作者是怎样留心观察事物的。本单元的2篇课文都安排了与观察有关的内容。 2. 通过《搭船的鸟》学习作者抓住翠鸟彩色的羽毛和身手敏捷的特点来观察和描写的方法。通过《金色的草地》学习作者如何细致地观察和描写:发现蒲公英早上和傍晚会合拢,中午的时候会张开;张开的时候,遍地都是金黄色的。教学时注意引导孩子在学习课文时一定要分析作者的观察和描写的方法。 **校本目标** 1. 设计观察表,观察校园景物。 2. 运用拟人等修辞手法写观察日记。	**共同目标** 1. 认识"栅、麻"等16个生字,会写"套、麻"等26个生字,会写"牧场、露天"等32个词语。 2. 了解课文内容,感受作者大胆和奇妙的想象。 3. 能和同学交流自己想象到的内容。能梳理和回顾课文中的想象故事,交流对大胆想象的体会,感受大胆想象的乐趣。 **校本目标** 1. 能画出想象中的事物,能根据故事开头接龙编写故事。 2. 能借助习作例文进一步体会丰富与神奇的想象。 3. 大胆想象,写一个想象故事。 4. 能欣赏同伴习作并提出修改建议。

续　表

单元	上学期	下学期
第六单元	共同目标 借助关键句理解一段话的意思。本单元的课文主要描写了美丽的景色，很多片段都有关键句，根据这个句子可以理解课文大致内容。如《富饶的西沙群岛》中"那里风景优美，物产丰富"是全文的关键句，"西沙群岛也是鸟的天下"是一个自然段的关键句。《海滨小城》中"小城的公园更美""小城的街道更美"都是段落的关键句。《美丽的小兴安岭》中，"小兴安岭一年四季景色诱人，是一座美丽的大花园，也是一座巨大的宝库"就是全文的关键句。教学时注意引导孩子在学习课文时一定要抓住这些关键句去把握文章的内容。 校本目标 学会围绕一个意思去写。了解文章中关键句的作用，学会在关键句的引领下写作。这样的关键句可以是整个文章的中心句，也可以是一个段落的中心句。	共同目标 1. 认识29个生字，读准1个多音字，会写35个生字，会写43个词语。 2. 朗读课文。背《溪边》。 3. 默读课文。能运用多种方法理解难懂的句子。能理解课文的主要内容。 4. 能体会文章丰富的想象，说出肥皂泡还有哪些美丽的去处，能说出课文以"剃头大师"作为题目的好处。 5. 写一个人，尝试写出他的特点。能给习作取一个表现人物特点的题目。 校本目标 1. 能结合自己的阅读体验，总结理解难懂的句子的方法。 2. 学习一组与海岛、港口有关的词语，认识6个生字，并能根据词语想象画面。 3. 认识汉语一词多义的语言现象。 4. 能仿照例子，围绕一个意思写一段话。 5. 朗读并背诵4句关于"改过"的名言。
第七单元	共同目标 感受课文的生动语言，积累喜欢的语句。本单元的3篇课文都描写了大自然的美妙，语言生动、优美。《大自然的声音》写了风、水以及动物带给我们的美妙声音。《父亲、树林和鸟》描写了人与自然的和谐相处以及树林的美景。《带刺的朋友》写了一只刺猬月下偷枣的情景。教学时注意引导孩子美读课文，感受语言的优美、生动，积累语言。	共同目标 1. 认识24个生字，读准2个多音字，会写35个字，会写49个词语。 2. 有感情地朗读课文。背诵指定的自然段。 3. 了解课文是从哪几个方面把事物写清楚的，理解课文的主要内容，感受大自然的奇妙。 4. 知道怎么围绕一个意思把一段话写清楚。

续 表

单元	上学期	下学期
	校本目标 1. 阅读课外书,做读书笔记,摘抄优美的语句。 2. 观察校园里的自然景物。	5. 能体会课文语言表达的好处,能借鉴课文的表达仿写句子。能根据具体情境选择恰当的方式,尝试劝告别人,能采用合适的语气,从别人的角度着想劝告别人。 6. 能查找资料,整合信息,围绕提示的问题写一写大熊猫。 7. 通过自评和互评,能用修改符号修改不准确的内容并补充新的内容。 校本目标 1. 围绕如何在习作中用上平时积累的语句展开交流,增强运用平时积累的语句的意识。 2. 了解用问句做文章开头的作用,学习用这种方法说一段话。 3. 认识寻物启事的写法,能用正确的格式写一则寻物启事。 4. 能正确书写笔画较少和笔画较多的字,把"止、露"等 8 个字写规范、写匀称。
第八单元	共同目标 学习带着问题默读,理解课文的意思。本单元的 4 篇课文都安排了默读课文、边读边想的练习。如《掌声》中的"默读课文,一边读一边想,英子前后有什么变化?为什么会有这样的变化?"《灰雀》安排了练习"默读课文,想一想,列宁和小男孩在对话的时候,他们各自心里想的是什么"。《手术台就是阵地》的重点要求是"默读课文,说说你对'手术台就是阵地'的理解"。	共同目标 1. 认识 32 个生字,读准 5 个多音字,会写 25 个字,会写 26 个词语。 2. 分角色朗读课文,能用恰当的语气读故事中人物的对话,体会人物特点。 3. 默读课文,交流自己觉得最有意思的内容,体会故事的有趣。 4. 能借助提示,按顺序复述故事,不遗漏重要情节。 校本目标 1. 能自然、大方地把故事讲给别人听,并能用合适的方法,把故事讲得吸引人。认真听别人讲故事,能记住主要内容。

续 表

单元	上学期	下学期
		2. 能选择一种动物作为主角,大胆想象它的特征变化带来的生活变化,编写一个童话故事。 3. 能用学过的修改符号修改自己的习作。 4. 能总结复述故事的方法。

(四) 四年级单元目标表(见表1-2-4)

表1-2-4 "大美语文"四年级单元目标表

单元	上学期	下学期
第一单元	共同目标 1. 认识29个生字,会写30个字,会写28个词语。 2. 能有感情地朗读课文,背诵指定的段落。 3. 能一边读一边想象画面,并说出印象深刻的画面。 4. 初步了解课文的描写顺序。能从课文中找出优美生动的句子并抄写下来。 5. 能仿照课文中的相关段落,写自己经历过的某个月下情景。 6. 能围绕话题发表看法,不跑题。能判断别人的发言是否与话题相关。 7. 能把推荐的某个地方介绍清楚。能把推荐的理由写充分。 校本目标 1. 能结合自己的阅读体验,梳理、总结边读边想象画面的方法。 2. 整行书写时能做到把字的中心写在横格的中线上,保持水平,注意字距均匀,养成提笔就练字的良好习惯。	共同目标 1. 联系上下文,体会优美语言的表达效果和理解含义深刻的句子,进一步提高理解语句的能力,并不断积累语句,增强语感。 2. 学会质疑。 校本目标 通过读书和搜集资料了解西部,产生热爱西部的情感。

续 表

单元	上学期	下学期
第二单元	共同目标 1. 认识49个生字,读准2个多音字,会写41个字,会写46个词语。 2. 阅读时,学习从不同角度提出问题。能筛选出对理解课文有帮助的问题。 3. 能自主运用提问策略进行阅读,尝试解决提出的问题,养成积极思考的习惯。 4. 能抓住家人与动物的相似之处,写出家人的特点。能主动与同学和家人分享习作,修改不通顺的语句,体验表达的乐趣。 5. 能借助形声字的特点,认识"驻、钞"等12个生字。 6. 能体会每组两个句子在表达上的不同效果。 校本目标 1. 能结合阅读体验,梳理学到的提问策略,以及运用提问策略进行阅读的好处,知道在阅读中要自觉运用提问策略。 2. 朗读、背诵有关提问的名句。	共同目标 1. 通过读书,体会作者对童年生活的眷恋,感受童年生活的美好,童年时光的珍贵,丰富情感体验,更深切地感受正在经历着的童年生活。 2. 通过对比阅读,领悟文章的一些表达方式。 校本目标 观察生活,交流和描绘自己的童年生活,能真实地表达自己的感受。
第三单元	共同目标 1. 认识22个生字,读准2个多音字,会写40个字,会写32个词语。 2. 能有感情地朗读课文,背诵3首古诗,默写《题西林壁》;能借助注释、插图理解诗句的意思,用自己的话说出想象到的景象。 3. 能通过文章准确生动的表达,感受作者连续细致的观察。 4. 能留心周围事物,养成连续细致观察的习惯。学习如何做好观察记录。 5. 能在小组讨论时注意音量适当。不重复别人说过的话。想法接近时,先认同再补充。 校本目标 1. 能进行连续观察,在观察日记上记录观察对象的变化。能在小组内分享观察日记,并进行评价。	共同目标 1. 能通过读书感受精妙语言的魅力,感受语言表达的艺术,学习用得体的语言进行表达。 2. 阅读不同体裁的文章,了解不同体裁文章的表达方式。 校本目标 1. 积累优美的语句。 2. 进行综合性学习。

续 表

单元	上学期	下学期
	2. 能结合阅读体验,交流连续细致观察的好处,逐步养成留心观察的习惯。 3. 积累与秋天有关的气象谚语。	
第四单元	共同目标 1. 认识41个生字,读准2个多音字,会写32个字,会写27个词语。 2. 能正确、流利地朗读课文,背诵《精卫填海》。能了解故事的起因、经过,结果,学习把握文章的主要内容。 3. 能感受神话中神奇的想象和鲜明的人物形象。能结合自己的阅读体验,交流对神话的认识。 4. 积累"腾云驾雾、上天入地"等8个词语,能联想到相关的人物或故事。 5. 读句子,能感受神奇的想象,并说出其他神话故事中神奇的地方。 校本目标 1. 能产生阅读中国神话和世界经典神话的兴趣,了解故事内容、动机,能边读边想象,感受神话的神奇。 2. 能感受阅读神话故事的快乐,乐于与大家分享课外阅读的成果。	共同目标 1. 让孩子在阅读这些生动感人的故事的同时,思想受到感染、熏陶,情感得到陶冶、升华,感受到人物心灵的美好和品质的高尚。 2. 引导孩子懂得在阅读的时候既要抓住文章的主要内容,体会文章的思想感情,又要注意领悟作者的一些表达方法。 校本目标 孩子课外搜集一些感人的故事,进行交流。
第五单元	共同目标 1. 认识11个生字,读准1个多音字,会写23个字,会写31个词语。 2. 知道要按一定的顺序把事情写清楚。 3. 知道可以把看到的、听到的、想到的写下来,清楚展现事情发展过程中的重要内容。 4. 知道抓住怎么想、怎么说、怎么做,把事情发展过程中的重要内容写清楚。 5. 能结合自己的阅读体验,梳理、总结把事情写清楚的方法。	共同目标 1. 指导孩子重点感受故事情节的曲折生动,人物形象的栩栩如生。 2. 让孩子感受名著的魅力、激发孩子阅读名著的兴趣。为孩子打开学习古典名著的大门,创造一个交流、学习古典名著的平台。

续 表

单元	上学期	下学期
	校本目标 1. 能用上表示动作的词语把做家务的过程写清楚。 2. 进一步体会按一定顺序写事,把事情发展过程中的重要内容写清楚。	
第六单元	共同目标 1. 认识35个生字,读准7个多音字,会写41个字。 2. 能通过人物的动作、语言、神态体会人物心情。 3. 能理解关键句的意思。 4. 能设身处地地想被安慰者的心情,选择合适的方式进行安慰。 5. 能借助语调、手势等恰当地表达自己的情感。 6. 能梳理、总结批注的方法和意义。 校本目标 1. 能借助生活中常见的蔬菜认识"韭、芥"等8个生字。能正确理解并知道在什么情况下使用"打头阵、挑大梁"等惯用语。 2. 能仿照例子,用动作描写来表现人的心情。能积累6个八字成语。	共同目标 1. 了解信息传递方式的变化及这些变化对人们生活、工作和学习的影响。 2. 了解现代信息传播的主要方式,能正确利用媒体,学会选择信息,趋利避害。初步养成留心信息的好习惯,逐步学会搜集信息、运用信息,善于和别人交流信息。 校本目标 初步学会有目的地搜集和处理信息,学写简单的研究报告。
第七单元	共同目标 1. 认识30个生字,读准3个多音字,会写23个字,会写6个词语。 2. 能正确、流利、有感情地朗读课文,背诵3首古诗,默写《出塞》《夏日绝句》,能关注主要人物和事件,把握文章主要内容。 3. 能查找资料,联系时代背景理解课文内容,感受人物的情怀。 校本目标 1. 能用正确的格式写信,做到内容清楚。 2. 能正确书写信封的内容。 3. 朗读、背诵古诗《别董大》。	共同目标 1. 感受作家笔下鲜活的人物形象。 2. 体会作家描写人物的方法,并在习作中运用。 校本目标 互相推荐小说阅读,进一步感受人物形象,学习描写人物方法。

续 表

单元	上学期	下学期
第八单元	共同目标 1. 认识33个生字,读准1个多音字,会写20个字,会写12个词语。 2. 能正确、流利地朗读文言文《王戎不取道旁李》,用自己的话讲故事,并能背诵。 3. 能了解故事情节,简要复述课文。 4. 能通过描写人物言行的句子,感受人物形象。 5. 能借助卡片提示的重要信息,讲自己最喜欢的历史人物故事。 6. 能使用恰当的语气和肢体语言,把故事讲生动。能选取一件感受强烈的事,写清楚事情的经过和当时的感受。 校本目标 1. 能交流、总结简要复述的方法。 2. 能借助熟字加偏旁的方法,认识"纲、授"等12个生字。能正确抄写易写错的词语,并和同学交流汉字中的易错字。能体会写具体和写简略的不同表达效果。能在横格里正确、工整地抄写文段,提高书写的速度。 3. 能积累描写人物精神风貌的四字成语。	共同目标 1. 抓住主要内容,了解不同地域的民族风情特点,增长见识。 2. 揣摩作者是怎样写出景物、风情特点的,学习运用作者的写作方法。 3. 注意积累课文中的优美语句。 校本目标 要从实际出发,根据各自条件,通过多种途径尽可能多地搜集资料,以丰富对异域风情的感受。

(五)五年级单元目标表(见表1-2-5)

表1-2-5 "大美语文"五年级单元目标表

单元	上学期	下学期
第一单元	共同目标 1. 认识24个生字,读准2个多音字,会写29个字,会写26个词语。 2. 把握课文主要内容,体会作者表达的情感。	共同目标 1. 通过读书和搜集资料了解西部,产生热爱西部的情感。 2. 学会概括。

单元	上学期	下学期
	3. 初步了解课文借助具体事物抒发感情的方法。体会、积累蕴含作者感情的句子。 4. 能仿照课文，写出由某一种事物想到的人。 5. 能尊重不同见解，梳理、总结大家的意见，制定出切实可行的班级公约。 6. 能把自己心爱之物的样子、来历写清楚，表达自己的喜爱之情。 校本目标 1. 总结交流本单元借助具体事物抒发感情的方法。结合具体语境，了解对比的方法在描写事物中的作用。 2. 比较同一词语在不同语境中的意思，并能恰当运用。 3. 背诵《蝉》。	3. 联系上下文，体会优美语言的表达效果和理解含义深刻的句子，进一步增强理解语句的能力，并不断积累语句，增强语感。 4. 学会质疑。
第二单元	共同目标 1. 认识30个生字，读准6个多音字，会写42个字，会写57个词语。 2. 学习"集中注意力""不要回读""连词成句地读""抓住关键词句""带着问题读"等提高阅读速度的方法和习惯，用较快的速度默读课文。 3. 能够概括课文的主要内容。 4. 通过印象深刻的画面或具体的事例感受人物的特点和品质。 5. 抓住人物的主要特点，用一两件具体的事例来描写自己的老师。 6. 能够评价、修改同学和自己的习作。 校本目标 1. 归纳总结提高阅读速度的方法。 2. 能用简要的语句概括几句话或者一段话的意思。能用具体情景表现成语的意思。 3. 背诵关于"惜时"的名句。	共同目标 1. 通过读书，体会作者对童年生活的眷恋，感受童年生活的美好，童年时光的珍贵，丰富情感体验，更深切地感受正在经历着的童年生活。 2. 通过对比阅读，领悟文章的一些表达方式。 校本目标 观察生活，交流和描绘自己的童年生活，能真实地表达自己的感受。

续 表

单元	上学期	下学期
第三单元	共同目标 1. 认识24个生字，读准1个多音字，会写25个字，会写32个词语。 2. 能用较快的速度默读课文，把握课文主要内容。 3. 能以故事中人物的口吻讲故事；能丰富情节，把简略的地方讲具体。 4. 学习缩写故事的一般方法。 5. 能缩写民间故事，做到内容完整、情节连贯、语句通顺。 校本目标 1. 能根据需要，简要介绍故事。 2. 讲故事，能适当丰富故事里的细节。 3. 能配上相应的动作和表情讲故事。	共同目标 1. 能通过读书感受精妙语言的魅力，感受语言表达的艺术，学习用得体的语言进行表达。 2. 阅读不同体裁的文章，了解不同体裁文章的表达方式。 校本目标 1. 积累优美的语句。 2. 进行综合性学习。
第四单元	共同目标 1. 认识32个生字，读准1个多音字，会写30个字，会写24个词语。 2. 有感情地朗读课文。背诵《古诗三首》和《少年中国说》（节选）。默写《示儿》。 3. 能借助题目、注释和相关资料，了解诗句的大意，体会诗人表达的情感。 4. 结合相关资料，了解课文的大意，体会课文表达的思想感情。 5. 领悟课文的表达特点，能结合相关资料，理解句子的含义。 6. 能列习作提纲，在习作中分段叙述，把重点部分写具体。能根据同学的建议修改习作。 校本目标 1. 能结合资料，了解为实现强国梦想而作出卓越贡献的人物故事，并制作手抄报。 2. 能结合相关资料，体会《七子之歌》《和平宣言》与《圆明园的毁灭》表达的情感的相似之处。	共同目标 1. 让孩子在阅读这些生动感人的故事的同时，思想受到感染、熏陶，情感得到陶冶、升华，感受到人物心灵的美好和品质的高尚。 2. 引导孩子懂得在阅读的时候既要抓住文章的主要内容，体会文章的思想感情，也要注意领悟作者的一些表达方法。 校本目标 孩子课外搜集一些感人的故事，进行交流。

续　表

单元	上学期	下学期
第五单元	共同目标 1. 认识12个生字,会写20个字,会写22个词语。 2. 默读课文,把握文章主要内容,能分条记录获取的信息。 3. 初步了解列数字、作比较、举例子等基本的说明方法,能结合具体语句体会运用说明方法的好处。 4. 能初步体会说明性文章不同的语言风格。交流、总结说明性文章的特点,体会恰当使用说明方法的好处。 校本目标 1. 能尝试运用多种说明方法,写清楚一种事物的特征。 2. 能用恰当的说明方法,分段介绍事物的不同方面,写清楚事物的主要特点。	共同目标 1. 指导孩子重点感受故事情节的曲折生动,人物形象的栩栩如生。 2. 让孩子感受名著的魅力,激发孩子阅读名著的兴趣。为孩子打开学习古典名著的大门,创造一个交流、学习古典名著的平台。 校本目标 阅读名著,做读书笔记,感受名著的魅力。
第六单元	共同目标 1. 认识31个生字,读准1个多音字,会写26个字,会写37个词语。 2. 默读课文,能通过课文描写的场景、细节,体会其中蕴含的情感,感受父母和子女之间的爱。 3. 理解题目和句子的含义,体会文中反复出现的词语的表达效果。 4. 联系生活实际,写出让自己"鼻子一酸"的经历。 5. 了解巴德父母对同一首诗有着不同评价的原因,能联系生活实际,说出对两种表达爱的方式的看法。 校本目标 1. 给父母写一封信,能用恰当的语言表达自己的看法和感受。 2. 通过交流,总结"体会作者表达的感情"的方法。	共同目标 1. 了解信息传递方式的变化及这些变化对人们生活、工作和学习的影响。 2. 了解现代信息传播的主要方式,能正确利用媒体,学会选择信息,趋利避害。初步养成留心信息的好习惯,逐步学会搜集信息、运用信息,善于和别人交流信息。 校本目标 初步学会有目的地搜集和处理信息,学写简单的研究报告。

续 表

单元	上学期	下学期
	3. 能写出自己成长中新的认识和感受。 4. 背诵有关勤俭节约的名句。	
第七单元	共同目标 1. 认识17个生字,读准3个多音字,会写25个字,会写22个词语。 2. 有感情地朗读课文,背诵《古诗词三首》《四季之美》,默写《枫桥夜泊》。 3. 借助注释,联系上下文,想象课文中所描绘的景象,初步体会课文中的静态描写和动态描写。 4. 品味、积累课文中的静态描写和动态描写的语句。 5. 观察某种自然现象或某处自然景观,重点观察景物的变化,写下观察所得,并把题目补充完整。 6. 能按照一定的顺序描写景物,写出景物的动态变化。 校本目标 1. 能交流在课内外阅读中遇到的动态描写和静态描写的语句,初步体会这样表达的好处并能主动积累。 2. 为元旦联欢会设计一张海报。 3. 仿照例句,体会静态描写和动态描写的作用,学习把画面写具体。 4. 背诵《渔歌子》。	共同目标 1. 感受作家笔下鲜活的人物形象。 2. 体会作家描写人物的方法,并在习作中运用。 校本目标 互相推荐小说阅读,进一步感受人物形象,学习描写人物的方法。
第八单元	共同目标 1. 认识30个生字,读准6个多音字,会写23个字,会写15个词语。 2. 能借助注释,理解课文大意。 3. 能联系自己的读书体会,说出课文内容带来的启发。 4. 能梳理出作者的读书经历,说出作者对"好书"的看法,体会作者从读书、作文中悟出的道理。	共同目标 1. 抓住主要内容,了解不同地域的民族风情特点,增长见识。 2. 揣摩作者是怎样写出景物、风情特点的,学习运用作者的写作方法。 3. 注意积累课文中的优美语句。 校本目标 要从实际出发,根据各自条件,通过多种途径尽可能多地搜集资料,以丰富对

续表

单元	上学期	下学期
	5. 介绍一本书,能分段表述推荐理由,能把重要的理由写具体。 6. 能梳理、总结找书读的方法。 7. 借助比喻句表达自己对书的看法。 **校本目标** 1. 初步了解欧阳询书法的用笔、结构等的特点,欣赏欧阳询的楷书艺术风格和表现形态,感受汉字和书法的魅力。 2. 背诵《观书有感》。	异域风情的感受。

(六) 六年级单元目标表(见表 1-2-6)

表 1-2-6 "大美语文"六年级单元目标表

单元	上学期	下学期
第一单元	**共同目标** 1. 会写 22 个字,会写 37 个词语。 2. 能正确、流利地朗读课文。背诵古诗词和指定的段落。默写《西江月·夜行黄沙道中》。 3. 能想象课文所描述的景色,体会表达的情感,说出自己的感受。 4. 联系生活经验理解课文中含义深刻的句子,并说出自己由此所想到的人、事或人生思考等。 5. 感受文中丰富的想象,领悟作者表达上的特点。 **校本目标** 1. 根据习作要求和提示,联系生活经验,展开丰富的想象,记叙变形后的经历、生活,把重点部分写详细。 2. 能根据老师和同学的建议,运用修改符号修改自己的习作。	**共同目标** 1. 引导孩子读书和搜集资料,读懂课文内容,从中感悟到人生的哲理,获得人生的启示。 2. 引导孩子学习抓住重点句段,联系生活实际,领悟文章蕴含的道理,并不断积累语句,增强语感。 3. 引导孩子在把握课文主要内容的基础上,体会作者表达感悟的不同方法,并试着在习作中运用。 **校本目标** 引导孩子联系生活实际,联系自己的所见所闻,领悟文中蕴含的道理,获得人生的启发。

续 表

单元	上学期	下学期
第二单元	共同目标 1. 会写32个字,会写40个词语。 2. 读出诗歌的磅礴气势。背诵《七律·长征》。 3. 概括课文主要内容。结合相关背景资料和课文重点语句,感受革命先烈热爱祖国、英勇无畏的英雄气概。 4. 体会课文点面结合写场面的方法。 5. 结合"阅读链接",开展专题阅读活动,把握内容,体会情感。 6. 能理解什么是演讲,并围绕话题拟定演讲题目,根据要求写好演讲稿。 7. 用适当的语气、语调进行演讲,态度大方。 校本目标 1. 写清活动过程,将重点部分写具体。 2. 用点面结合的方法写场面,既关注整个场景,又要注意人物的动作、语言、神态等细节描写。 3. 写出活动中的体会,表达自己的真情实感。	共同目标 1. 让孩子了解一些传统的民风民俗,吸收民族文化智慧,感受这些独具魅力的民俗风情。 2. 让孩子感受民族文明和传统美德。 3. 让孩子进一步了解文章的表达方法,体会作者怎样谋篇布局,准确用词,生动表达,并在习作中加以运用。 校本目标 1. 引导孩子交流搜集民俗资料的方法,交流课文的写作特点,积累反映传统节日习俗的古诗名篇,感受和吸收民俗文化中的智慧和营养,激发孩子探究不同文化的兴趣。 2. 拓展课程资源,加强学科整合。鼓励孩子利用多种渠道搜集民俗风情的材料以扩展知识面。
第三单元	共同目标 1. 会写28个字,会写39个词语。 2. 了解什么是"有目的地阅读"。 3. 学习根据不同的阅读目的,选择合适的阅读材料。 4. 运用适当的阅读方法,完成阅读任务。 5. 选择让自己生活更美好的一件事情、一样事物或某种品质写下来。写清楚它是怎样影响自己的生活的,把它让生活变美好的原因写具体。 校本目标 1. 整理"有目的地阅读"的方法,形成良好的阅读习惯。 2. 体会通过人物神态描写,表现人物特点的表达方法。	共同目标 1. 让孩子接受革命传统教育,纪念革命前辈的丰功伟绩,懂得为人民服务的道理。 2. 引导孩子把握文章的主要内容,了解课文的叙述顺序,并在习作中加以运用。 3. 引导孩子收集相关资料,并在重点、难点上给予必要的点拨,激发孩子的阅读兴趣,调动孩子自主学习的积极性。 校本目标 1. 让孩子收集革命先烈的资料,初步感受革命先烈的伟大。 2. 激发孩子的阅读兴趣,培养孩子主动阅读的习惯。

续表

单元	上学期	下学期
第四单元	共同目标 1. 会写22个字，会写29个词语。 2. 有感情地朗读课文。能整体把握小说的主要情节。 3. 能紧扣情节中人物的语言、动作、心理描写，感受人物形象。 4. 留意环境描写，体会其对表现人物的作用。 5. 能根据对象，把说服别人的具体理由讲清楚。 6. 能设想对方可能的反应，恰当应对，获得对方的支持。 校本目标 1. 能展开想象，根据提供的环境和人物创编故事。 2. 能把故事情节写完整，通过环境或心理描写体现人物形象。 3. 与同学分享自己创编的故事。	共同目标 1. 拓宽孩子阅读的视野，引导孩子阅读适合他们的外国名篇名著。 2. 通过阅读，让孩子了解不同国家多样的文化，关心人物命运。 3. 进一步培养孩子把握主要内容(尤其是概括能力)，体会作品中人物思想感情的能力。 校本目标 1. 让孩子在阅读中了解人物的命运。 2. 培养孩子概括文章主要内容的能力。
第五单元	共同目标 1. 会写22个字，会写24个词语。 2. 学习课文，能把握文章的中心意思。 3. 能联系课文内容，体会文章是怎样围绕中心意思来写的。 4. 结合课文，交流围绕中心意思选择材料的方法。能围绕中心意思，从不同方面分析一个材料或选择不同的事例作为材料。 5. 能了解作者围绕中心意思选择了哪些材料，是怎样把重点部分写具体的。 6. 能围绕一个意思选择不同的事例或从不同的方面写。 校本目标 围绕一个意思表达时，能将重要的部分写详细、写具体。与同伴交换习作，能针对是否写清中心意思作出评价。	共同目标 本组教材以"科学精神"为专题编排，学习本组课文的重点是把握课文的主要内容，体会科学精神的含义，学习用具体事实说明道理的方法。 校本目标 1. 通过阅读科学故事，体会科学精神。 2. 初步学习用具体事例说明道理的方法。

续 表

单元	上学期	下学期
第六单元	共同目标 1. 会写14个字，会写20个词语。 2. 有感情地朗读课文。背诵古诗。默写《浪淘沙(其一)》。 3. 能借助注释，通过想象画面理解诗词大意，感受诗词之美。 4. 能抓住关键句，把握课文的主要观点。 5. 感受珍惜资源，保护环境的重要意义。 6. 和别人协商事情，要准确把握别人的观点，不歪曲，不断章取义。尊重不同意见，讨论问题时，态度要平和，以理服人。表达观点时，要简洁明了，有理有据。 7. 能掌握倡议书的基本格式，就关心的问题写一份表述清晰且言辞恰当的倡议书。 校本目标 1. 能借助注释，想象画面，并结合传统文化常识理解诗词大意，体会诗词之美。 2. 能抓住关键句把握段落表达的观点。 3. 能阅读非连续性文本，提取有价值的信息。 4. 了解、积累传统文化常识，感受中国文化。	共同目标 1. 读"阅读材料"中的文章。 2. 回忆并说说自己成长的故事，共同寻找班级"成长的足迹"。 3. 搜集个人和集体"成长的足迹"，写写生活中难忘的人和事。最后制作成班级纪念册。 4. 为老师和同学写临别赠言。 5. 为母校做点事，留作纪念。 校本目标 举行一次毕业联欢会，在联欢会上回忆成长经历，表达惜别之情，互相赠言。
第七单元	共同目标 1. 会写15个字，会写12个词语。 2. 正确、流利地朗读课文，背诵《伯牙鼓琴》。 3. 借助注释、课文插图等理解文言文，能用自己的话讲文言文故事。 4. 借助语言文字展开想象，体会音乐之美。 5. 把握课文大意，说出自己对京剧的了解。 6. 结合图片、实物，让自己的讲述更加生动。采用分点说明等方法，有条理地表达出自己的感受、看法。 校本目标 1. 了解日常生活中与戏曲有关的词语，并选一两个加以运用。 2. 学习修改说明书，使说明书更清楚明白。 3. 积累并了解与艺术有关的成语。	共同目标 1. 搞好复习的关键是调动孩子的积极性，使孩子主动地自学自练、自测自评。 2. 每次复习，教师应提出具体、明确的要求，并安排比较充裕的时间，让孩子自己按要求认真读书，完成相关练习。有的练习应笔头作答，有的可在书上勾画、批注或列出简单的提纲，为交流时的发言做好准备，在此基础上组织适当的交流、检查，引导孩子自我评价。 校本目标 1. 制订个人复习计划。 2. 掌握复习的方法。

续 表

单元	上学期	下学期
第八单元	共同目标 1. 会写25个字,会写29个词语。 2. 能用较快的速度默读课文,能有感情地朗读课文。背诵相关段落。 3. 能借助相关资料,理解课文主要内容。 4. 能借助课文和资料,初步感受鲁迅的人物形象。 5. 能选择一个人,运用第二人称叙事,表达自己对这个人的情感。 6. 能通过对印象深刻的场景的描述,把事情写具体。 7. 能总结和交流把握文章主要内容的方法。 8. 学习给文章拟题的方法,并能修改自己习作的题目。 校本目标 1. 能从词语展开想象,写一段话。 2. 欣赏柳公权的书法作品《玄秘塔碑》,了解其楷书的特点。 3. 收集鲁迅的名言,感受其精神品质。	共同目标 1. 搞好复习的关键是调动孩子的积极性,使孩子主动地自学自练、自测自评。每次复习,教师应提出具体、明确的要求,并安排比较充裕的时间,让孩子自己按要求认真读书,完成相关练习。有的练习应笔头作答,有的可在书上勾画、批注或列出简单的提纲,为交流时的发言做好准备。 2. 组织适当的交流、检查,引导孩子自我评价。 校本目标 1. 制订个人复习计划。 2. 掌握复习的方法。

第三节　在思辨中感悟语文魅力

我校从生命的本质、教育的本真出发，尊重每一个生命个体，让每个孩子享受学习、享受生活、享受快乐，体悟语文学习的乐趣，养成良好的学习语文的习惯，形成自己独特的语文思维方式。语文课程应注重引导孩子多读书、多积累，重视语言文字的实际运用，在实践中领悟文化内涵和语文应用规律。面对日新月异的社会环境，我们在课程的开发上，必须推陈出新，不仅要有改革创新的理念，还要有锐意进取的行动。

一、学科课程结构

《义务教育语文课程标准（2022年版）》从"识字与写字""阅读与鉴赏""表达与交流"（第一学段为"写话"，第二、第三学段为"习作"）、"梳理与探究"四个方面提出要求。"大美语文"关注小学语文学科核心素养，结合小学孩子的发展特点以及我校孩子的特质，将"大美课程"分为"大美识写、大美阅读、大美写作、大美交际、大美探究"五个维度。我校"大美语文"课程群结构如下（见图1-3-1）。

大美识写："会识写"类课程重在激发孩子识字写字的兴趣，引导孩子了解汉字的历史，正确地运用汉字、规范地书写汉字，体会汉字的博大精深，从而热爱祖国的语言文字。

大美阅读："乐阅读"类课程提供丰富的文本使孩子理解、领悟文字带给心灵的触动，在阅读大量文本的同时掌握多种阅读的方法和技巧，为孩子的终身发展助力。

大美写作："爱写作"是以书面表达为主的语文学习。我们以丰富多彩的习作学习方式开启孩子的文学创作之旅。

大美交际："能交际"类课程发挥孩子的主动性，积极创设真实的情景，使师生、生生充分交流。让孩子在交际中掌握倾听、表达、转述、交谈的方法，能够选择恰当的方式与他人打交道。

大美探究：它是依托语文学习开展的多种多样的语文实践活动。通过"善综合"类课程使孩子能够将语文知识和能力融会贯通，学以致用，打通学习与生活的堡垒。

图 1-3-1 "大美语文"课程群结构图

二、学科课程设置

我们遵循语文教育教学和孩子认识发展及成长规律，稳步推进并逐步完善"大美语文"课程设置，让学习水到渠成，体现真实、自然。"大美语文"课程设置让孩子不仅感悟、积累、运用语言，更重要的是用一种宏观开放的视角拥抱祖国语言文字，形成语文情怀和语文素养。按年级分段设置课程。纵向来看，由浅及深体现螺旋上升；横向来看，涵盖各年级五个维度的学习，在字词基础上进行听说读写的训练，体现环环相扣。在按要求完成十二册统编语文教材的学习之外，我校根据孩子的学习需求，开发了丰富多彩的拓展课程，具体设置如下（见表 1-3-1）。

表1-3-1 "大美语文"课程群课程设置表

年级	学期	大美识写	大美阅读	大美写作	大美交际	大美探究
一年级	上学期	拼音王国	走进经典	亲亲校园	故事大会	拼音节
	下学期	笔画之家	快乐阅读	校园导游	趣味字母	汉字王国
二年级	上学期	硬笔书香	绘本阅读	传统节日	语言艺术	小主持人
	下学期		我咏经典	近代伟人	我言我心	
三年级	上学期	巧手写书法	阅读阅美	校园主播	史以明志	经典我传承
	下学期	趣味字谜	诵响经典	校园设计	故事大王	
四年级	上学期	墨韵飘香	阅读阅享	校园观察	故事花园	感恩教育
	下学期	小书法家	悠悠经典声	校园剧场	表演达人	
五年级	上学期	萌芽墨苑	好书分享	读书小报	故事大王	经典我传承
	下学期	汉字之根	阅读阅享	校园广告	动情表达	
六年级	上学期	小书法家	好书分享	读书小报	故事大王	手抄报比赛
	下学期	汉字未来	阅读阅享	微校电影	我来朗读	

第四节　开阔视野的语文学习活动

随着时代的发展,语文教学更重视教育的质量以及个性和智慧的发展,培养"有智慧的人"已成为时代发展的迫切要求。"大美语文""教"的是知识,"育"的是文化,"学"的是方法,"习"的是经历。"大美语文"从落实"大美课堂"、打造"大美课程"、举办"大美节日"、开启"大美赛事"、繁荣"大美社团"这五方面入手,引导孩子领悟语文之美,践行"感受生活中的美"的理念。

一、落实"大美课堂",建好牢固的语文地基

"大美语文"是让孩子感受文字,感受生活,运用文字体验生活的语文。"大美语文"的课堂是纯朴而真实的学习过程,课堂探求文本之心,追寻孩子之心,体悟教者之心。课堂剥去热闹的外衣,讲究纯朴、自然、务实、求真,它是孩子真实学习的缩影。

(一)"大美课堂"的实践与操作

"大美课堂"是充满诗意、灵气与理性的课堂。苏轼有诗曰:"横看成岭侧成峰,远近高低各不同。"看山如此,看课亦如此。一堂课仿佛一面多棱镜,因观赏者不同,观赏的角度不同,亦会呈现出千姿百态。能让孩子快乐、惬意,能让孩子展现自我、塑造自我的课堂就是理想的课堂、智慧的课堂。

"大美课堂"拥有明朗的课堂目标。课堂目标既是教师教的目标也是孩子学的目标,课堂的预设和完成主导着一节课的方向和走向。从课堂过程看目标是一课之灵魂,明朗的目标本色而不浮夸,体现了"大美语文"的理念;从课堂效果看目标是一课之准绳,明朗的目标简明而不繁复,体现了"大美语文课堂"的特点。

"大美课堂"体现充满灵气的学习过程。文章不是无情之物,一言一句总关情。阅读是一种精神生活,教师让孩子用心读书,与高尚的心灵对话,汲取人类精神文明的营养。在教学过程中,注意引导孩子在阅读过程中接受美的陶冶,逐步建构自己的文化;充满灵气的学习过程犹如一幅优美的山水画,一气呵成,极富生命力。充满灵气的学习过程是和谐有效的,让课堂扎实落地;环环相扣的学习环节让课堂紧凑严密;饱含深

度的学习内容让师生回味无穷。

"大美课堂"有着充满诗意的文化氛围。课堂文化充盈于课堂之内,充满诗意而不失质朴,恬淡而不失含蓄。教师用充满诗意的语言挖掘孩子的灵气,激发孩子的"语文情怀",使灵气化为充满诗意的语言自心底流淌。充满诗意的文化氛围是一种润物无声的教育智慧,充满了对生命的点化、润泽与关怀,充满诗意的文化氛围是一份恰如其分的课堂和谐,体现了对教育的尊重、理解与情怀。

"大美课堂"呈现多样、理性的教学方法。陶行知先生说过:"好的先生不是教书,不是教孩子,乃是教孩子学。"多样、理性的教学方法可以使师生的活动更加融合和统一,增加师生的交往和互动效果,使语文的课程理念能得到更有效的落实。"大美语文课堂"多样、理性的教学方法不仅体现了教师在教学上的智慧和创造,而且体现了孩子在学习上的探索和创新。

(二)"大美课堂"的评价标准

"大美课堂"是以孩子的认知水平为基础,遵循语言发展的客观规律;在孩子真实自主的合作探究中,自然流露与作者的情感交流。"大美课堂"评价细则如下(见表1-4-1)。

表1-4-1 "大美课堂"评价细目表

项目	评价指标	分值	得分
教学理念 10分	以孩子为主体,让每个孩子都能得到发展和提高。 在语文学习的过程中渗透人文因素,实现工具性与人文性的统一。 加强语言训练,促进孩子语文素养的形成和发展。 有机整合学科知识,恰当运用现代教育技术。	10	
教学目标 10分	符合课标理念,体现三维目标的要求。	5	
	切合教材要求和孩子实际。	5	
教学内容 15分	教学目标明确、恰当,并能根据教学实际进行适当的调整。	10	
	对教材的解读正确、有深度,能找到教材中合理的能力点、空白点、延伸点,努力体现言语意识,积累意识。	5	

续 表

项目	评价指标	分值	得分
教学策略 40分	由浅入深,层层深入;环节清晰,课堂容量适当、含量丰富,时间分配合理。	10	
	有效运用直观教具、多媒体等手段,与生活相联系。	10	
	运用多种教学组织形式,采用多种教学方法,调动孩子学习的积极性;创设有利于孩子自主学习、自主探究的教学情境。	10	
	关注每一个孩子的学习状态,关注语言积累、习惯培养、知识积淀、能力养成。	10	
教学效果 20分	整体教学效果明显,不机械模仿他人,在某点或项中有创新,有个人教学特色。	10	
	孩子主动学习意识强,积极参与课堂活动,参与面广。	5	
	孩子善于发表自己的意见,互相合作,气氛活跃。		
	目标达成度高,体现孩子的阅读、理解、表达能力不断提高的过程。	5	
教师表现 5分	教师情绪饱满,语言、板书规范,示范性强;课堂调控张弛有度,教态亲切自信。	5	
收获与反思(可以是这节课的优缺点,可以提出问题,也可以是几点体会,还可以是建议……)			

二、打造"大美课程",优化语文课程体系

"大美课程"旨在通过学科课程矩阵来确保课程与学科育人目标相互呼应,分析课程对育人目标的达成支持度,优化课程体系,通过聚焦目标、构建链条、组合搭配、整合优化四个步骤,构建学科课程群。

(一)"大美课程"的实践与操作

美,是人的文化修养的最高表现形式,也是语文教学的灵魂,走进"大美语文",打造"大美课程",究清语文的内涵本质。"大美课程"的创建直指语文学科核心素养,使

其成为人生中重要的痕迹和标识。"大美课程"以孩子发展需求为出发点，体现其内在逻辑，相互呼应，环环相扣。

"大美课程"要聚焦素养。课堂实践是培养孩子语文核心素养的重要实施途径。聚焦小学语文核心素养的课堂实践应以"人"为中心，既重视整体推进听、说、读、写、思，又重视课内外一体化学习，让生动的课堂文化在孩子的共鸣中得以强化，在培养"全人"的过程中提升孩子的语文综合素养。

"大美课程"要联系生活。要构建生活化的语文课堂。教材中的每一篇课文都来自生活，课堂教学的外延与生活的外延相等，我们理应以课堂为起点来实施生活化的教学，加强课堂教学与生活的沟通，让教学贴近生活，联系实际。这样，才能帮助孩子更好地理解课文内容，并真正受到启迪；才能赋予课文以生命和活力，更好地揭示其全新的潜在意义；才能引导孩子更好地懂得生活、学会生活、改造生活，做生活的强者，做生活的主人。因此，让语文教学渗透孩子的生活，走语文教学生活化的道路，让语文教学回归生活，应该是语文教学的返璞归真。

"大美课程"必须活用资源。《义务教育语文课程标准（2022年版）》指出："语文课程既包括纸质资源，也包括数字资源……也包括师生在语文学习方面的兴趣、爱好和特长等隐性资源。"[①]教师只要用心发现，就能在生活中找到切合教学的语文资源。从一定意义上讲，整合语文主题教学下的课程资源，组织教学过程，要尽量找到"聚焦点"来"执一御万"。开展主题语文活动，就能找到"焦点"，还可以激发孩子的兴趣、启迪孩子的智慧，进而培养孩子养成自学语文的习惯。

"大美课程"要注重应用。新的课程标准要求孩子除了在语文课堂上和课本中学习语文外，还要从生活中学语文，从生活中吸取语文知识。学校生活、社会生活、家庭生活的方方面面都是可开发利用的。生活有多宽，语文就有多广。

（二）"大美课程"的评价要求

结合"大美课程"的实践和操作可以得出，优秀课程要具备目标意识、统整引领，活动体验、高效实施，自主发展、体现魅力等特点。

第一，"大美课程"哲学内涵丰富，目标指向清晰。新课程背景下，语文学习要注重

[①] 中华人民共和国教育部. 义务教育语文课程标准（2022年版）[S]. 北京：北京师范大学出版社，2022：54.

工具性和人文性的统一。"大美课程"的实施，是素质教育的一个重要体现。孩子在"大美语文课程"中整合语文知识、了解语文体系，有利于促进个性发展、能力增强，为孩子热爱语言文字、培养良好的语文学习习惯、正确运用语文知识，打下坚实的基础。

第二，"大美课程"课程内容丰富多维。"大美课程"的开发重视孩子的生活体验，在实施中更加重视孩子的活动体验，"大美语文"课程应丰富多彩，以孩子需求为主，为孩子的全面发展搭建平台。

第三，"大美课程"提倡自主发展，课程实施科学高效。课程实施方法得当，措施有力，充分体现孩子的主体地位，有利于孩子兴趣的激发。我校"大美课程"评价细则如下（见表1-4-2）。

表1-4-2 "大美课程"评价细则表

项目	评价内容	评价形式	评价等级（优良中差）
理念	能开发、挖掘有意义的课程内容，满足孩子兴趣发展的需求，促进孩子互助、共进、交往，内容有可学性、迁移性等，并能及时修整。	看活动方案、学期活动小结等。	
设计	制定以活动为主要实施方法的课程纲要，并根据课程纲要制订一份课程实施计划。	看活动记载本中的课程纲要。	
实施	1. 能根据教学计划，精心准备，坚持因材施教，认真指导。 2. 课程实施能满足孩子的兴趣发展需求，重视发展孩子的个性特长，能开发出适合孩子特点和利于孩子发展的语文课程，重视培养孩子的实践能力和创造能力，受到孩子的喜爱。	看活动记录、孩子的问卷调查、随机访谈、孩子活动感受记录。	
评价	按照课程要求制订出个性化的孩子评价方案，组织好对孩子的发展评价，认真做好评价工作。	看评价方案、孩子的成果展示。	
反思	能够对课程纲要的设计、课程实施和课程评价中的各个环节进行思考，形成有效经验和建议，并积极完善课程。	个别访谈、查看反思。	

三、举办"大美节日",丰富语文精神内涵

校园是文化氛围浓厚的场所,文化精神通过节日课程的传递,变得具体可感。优秀的传统、国际、特色节日是丰富的语文课程资源。"大美语文"课程举办"大美节日",引导孩子关注生活,增强生活仪式感,拓宽"大美语文"的外延,丰富"大美语文"的内涵。

(一)"大美节日"的实践与操作

走进节日,邂逅一段美好的故事。孩子对节日的期盼和传统习俗的仪式感,从一定意义上渲染且提升了人类美好生活的精神境界。

"大美节日"是传递诗意的节日。通过了解节日来历、体验佳节风俗、积累诗文典故等孩子喜闻乐见的形式,挖掘传统节日的文化内涵,增强了语文学习的凝聚力,提升了整体文化氛围,为亲子共学提供了契机。

"大美节日"是充盈着情趣的节日。它为孩子营造了极有特殊教育功能的情趣氛围。这氛围是一种具有超级魅力的文化气场,它滋养着孩子的内心,促进孩子发展。

我们每年创设"大美节日",积极营造浓厚的语文学习氛围,以不同的主题掀起孩子对"大美语文"的热情。我校"大美语文节"课程安排如下(见表1-4-3)。

表1-4-3 "大美语文节"的活动设计

项目	内容	要求
诵读经典之旅	必背经典: 一年级:《三字经》 二年级:《弟子规》 三年级:《笠翁对韵》 四年级:《论语》 五年级:《大学》 六年级:《中庸》	A. 诵读时间:每周一升旗仪式上。 B. 诵读地点:学校操场。 C. 诵读形式:吟诵,朗读,自由读等形式。 D. 语文教师提前教读,不许读错字音。 E. 诵读内容一周一换,周五时检查孩子背诵情况,要求背诵过关。 F. 诵读时声音洪亮、整齐,尽可能带有情感。

续 表

项目	内容	要求
阅读创意卡	制作心中的阅读创意卡	A. 形状不限,立体感好。 B. 手工制作,内容与推荐书结合。 C. 字体工整,作品大气。
我阅读,我表演	剧目表演(一、二年级)	A. 以阅读原文为主,既忠实于原文,又要有所创新,内容要健康向上。 B. 根据情节需要,设置背景音乐、视频背景画面、简单的道具和简单的装扮。
经典诗词我来诵	三、四年级每班出一台经典诵读节目	A. 集体诵读,全班参加,鼓励老师、家长与孩子同台诵读。 B. 表演以诵读为主,加伴奏、伴舞等其他艺术表现形式,鼓励形式创新,要有视听效果。
"我爱阅读"大赛	五、六年级参加	A. 初赛:班级出题评选。 B. 现场答题。
我骄傲,我是"书香少年"	各班根据孩子的阅读表现评选出6名书香少年和3个书香家庭	公开、公平、公正原则。

(二) "大美节日"的评价要求

课程评价是保证节日课程活动正常进行的必要手段,需加强孩子的综合能力,充分发挥评价的激励和导向功能,努力形成一套符合孩子实际、操作性强、科学、合理的节日课程活动评价体系。我校"大美节日"评价细则如下(见表1-4-4)。

表1-4-4 "大美节日"评价细则表

评价项目	项目评价要点	分值	得分
主题	是否主题突出,观点鲜明,论据充分,条理清晰。	30分	
语言	是否口齿清晰,抑扬顿挫,表述流畅。	10分	
感情	是否表情自然、举止大方、投入、角色意识强。	10分	

续 表

评价项目	项目评价要点	分值	得分
形式	是否丰富多样、孩子喜闻乐见。	10 分	
过程	是否孩子热情参与,主题作业完成得好;教师引领孩子有方,指导有度。	15 分	
小组合作程度	是否配合默契。	25 分	
总得分	等级	100 分	
亮点:		总分:	
建议:			
说明:A(100—85 分),B(84—70 分),C(69—60 分),D(59 分以下)			

四、开启"大美赛事",营造浓郁的语文学习氛围

多彩的校园赛事为孩子们打造了一个个自我展示的舞台,生动地诠释着"大敬立身,小作成人"的理念。赛事所掀起的热潮,超越了课程本身,营造了积极向上的校园氛围,延展着"大美语文"的内涵。

(一)"大美赛事"的活动类型

"大美赛事"是我校校园文化生活的重要组成部分,开展各项赛事可以活跃学校的学习氛围,丰富孩子的课余生活,培养孩子的生活兴趣及竞争意识,提高孩子们自主管理的能力及创造力。活动类型如下(见表 1-4-5)。

表 1-4-5 "大美赛事"细目表

赛事名称	赛事要求	赛事形式
故事大王	1. 内容生动、有趣,体现时代感。 2. 着装干净、大方得体,仪容仪态好。	1. 以班级为单位各派出 2 名选手出赛,比赛按"低、中、高"年级组进行评比。 2. 每组评选出一等奖 1 名、二等奖 2 名、三等奖 3 名。

续 表

赛事名称	赛事要求	赛事形式
经典诵读	1. 内容为经典诗词、诗歌。 2. 着装干净整洁，全体同学参与。	1. 以班级为单位按"低、中、高"年级组进行比赛。 2. 每组评选出一等奖1名、二等奖1名、三等奖2名。
主题手抄报比赛	1. 版面整洁、内容丰富。 2. 图文并茂、晒出个人风采。	1. 展板按"低、中、高"年级组进行评比。 2. 优秀作品进行展示、分享。
朗诵比赛	1. 三、四年级同学参加。 2. 主题鲜明，形式多样，孩子参与性高。	1. 以班级为单位。 2. 评出一等奖1名、二等奖1名、三等奖2名。
诗词大会	1. 五、六年级同学参与。 2. 初赛：书面比赛。决赛：现场进行决赛。	1. 以班级为单位。 2. 评出一等奖1名、二等奖1名、三等奖2名。
课本剧表演	1. 一、二年级同学参加，每班至少10个人。 2. 围绕课本内容改编，穿表演服装，有道具。	1. 评出一等奖1名、二等奖1名、三等奖2名。 2. 在校园内分享获奖荣誉。
作文比赛	1. 三至六年级同学参加。 2. 紧扣主题，表达规范。	1. 以班级为单位。 2. 评出一等奖3名、二等奖5名、三等奖8名。
硬笔书法	1. 自带书写工具。 2. 书写内容、字体不限。	1. 以班级为单位，各选5名同学参与；按"低、中、高"年级分组评比。 2. 评选出一等奖5名、二等奖10名、三等奖15名；获奖作品在校园内展示。
软笔书法	1. 自带书写工具。 2. 书写内容、字体不限。	1. 书法展。 2. 评选出一等奖5名、二等奖10名、三等奖15名；获奖作品在校园内展示。
阅读之星	读名著、写读后感。	1. 以班级为单位，评选出5篇作品，按"低、中、高"年级组评比。 2. 评选出一等奖5名、二等奖10名、三等奖15名；在校园内展示、分享。
书香之家	1. 个人与父母同读一本书。 2. 独立完成读后感。	1. 评选出3个"书香之家"。 2. 在校园内展示、分享。

(二)"大美赛事"的评价要求

在"大美赛事"系列活动中,我们注重对赛事的组织、过程、感受等方面的评价,凸显立体性评价(见表1-4-6)。

表1-4-6 "大美赛事"赛事评价表

指标权重	评 价 要 求	得分
竞赛意义 15分	1. 增强孩子学习语文的兴趣。 2. 让孩子们感受语文来源于生活。 3. 培养孩子们的竞争意识和合作精神。	
竞赛内容 20分	1. 难易适度,符合孩子的年龄特征。 2. 具有灵活性,增强孩子的思维能力。 3. 具有层次性和相应的挑战性。	
竞赛形式 20分	1. 各年级形式多样,符合该年级孩子的特点和兴趣。 2. 每个孩子都参与其中,设置不同的荣誉称号,使每个孩子都得到相应的奖励和鼓励。	
竞赛过程 20分	1. 孩子参与积极,主体作用发挥得好。 2. 各种能力增长遵循循序渐进。 3. 教师管理有方,孩子活动有序。	
竞赛效果 25分	1. 提高孩子的表达能力和组织能力。 2. 调动孩子参与赛事的积极性。 3. 培养孩子的竞赛精神。	
优:100—90分	良:89—70分　　合格:69—60分　　待合格:60分以下	总分

注:在您认为符合的空格中打√,项目评价结果一栏整体给出该评价项目的优、良、中、差,请于比赛结束当天上交本赛项监督员。

五、繁荣"大美社团",点燃语文学习兴趣

"大美社团"是语文学习实践的重要组成部分,是孩子交流语文的空间、展示自我的平台。

(一)"大美社团"的实践与操作

我们不仅有基础类和多样的必修类课程,也提供了丰富的选修类课程,充分尊重孩子的选择权。

门类丰富,打开思路。"大美社团"的建设以"语文兴趣"为主导,通过培养孩子的兴趣爱好,以发展个性特长为抓手,为孩子提供展示自己爱好与技能的广阔舞台,让孩子展现最真实的自己。书法社团、绘本阅读、创意读写、写遍校园等丰富多彩的语文社团活动,充分体现了语文学习的生活化、社会化。

气氛浓厚,活动丰富。我们尊重孩子学习语文的主体性,大大地激发孩子学习语文的兴趣,在社团活动中使孩子感受到角色的转化,体验成功的喜悦,使孩子得到全面的发展。"诗词大会""小小演讲家""小主持人"等一系列语文社团课程,真正让语文活了起来,让孩子在生活中感受到了浓浓的"语文"氛围。夏园小学的"大美社团"课程安排如下(见表1-4-7)。

表1-4-7 "大美社团"课程安排表

课程名称	社团活动目标	社团活动设计
我咏经典	1. 通过活动的开展,使孩子养成良好的读书习惯。 2. 通过读书活动,使孩子学会读书,学会学习。	1. 社团分成若干小组,以小组为单位建立读书会的若干书友队,设队长一人,要为书友队取个别致的名字,想一句读书口号。 2. 活动落实。"自信来自鼓励,习惯决定人生。"我们定期开展一些孩子喜爱的活动,如举行读书故事会、读书心得交流会、优美片段朗诵赛,抢答辩论赛、"小博士,考考你"等活动。表扬表现好的孩子,评出"阅读之星",满足孩子的荣誉感,激发其阅读的积极性。孩子通过大量的阅读,会逐步学会自学、审美、想象、思维、表达等各方面能力也会得到不同程度的提高。
软笔书法社	1. "软笔书法社"成为学校开展的"书香校园"系列活动的一个部分,为校园文化建设增色。通过书法兴趣小组	书法兴趣小组不分组别,本着孩子自愿的原则,让孩子根据自己的兴趣、爱好、特长报名参加,主要对四年级全面选拔,重点把握,各班选出写字优秀的孩子2人,拟定招收小组成员20人。

续 表

课程名称	社团活动目标	社团活动设计
	的活动,突出特色,培养特长,使孩子的书法特长得到更好的发展,让孩子进一步了解书法的基本知识和基本技能,达到以书滋品导行,以书倡学兴问,以书静心养气,以书炼意砺志,以书探美求新之目的。 2. 在孩子中倡导"写好中国字,做好中国人"、"师生结伴在墨香中成长",以书法教学为载体,打造一个"墨香校园"。	制定小组活动内容。书法是我国的传统文化,学习书法就要从汉字的起源和字体演变过程来引入,让孩子充分了解汉字的结体,从而产生学写书法的兴趣。为了让孩子正确学习书法,特制定如下学习内容。 1. 了解书法的悠久历史和发展过程。 2. 养成正确的写字姿势和良好的写字习惯。 3. 掌握8种基本笔画和30多种常用笔画的写法和运笔技巧。 4. 能够独立读帖,并临摹字帖中的书法作品。 5. 了解一些简单的书法常识(书法种类、常用工具、基本的使用方法)。以楷书为主,以其他书法为辅,以临帖为主进行学习。尝试自己创作作品。欣赏名人名作,提高欣赏水平。
快乐阅读	通过活动的开展,培养孩子的兴趣,在班级中形成热爱读书的良好风气。通过活动的开展,使孩子养成良好的读书习惯。通过读书活动,使孩子学会读书,学会学习。	具体措施:充分利用学校现有资源及孩子自带的图书,保证孩子有书可读,有好书可读,实施阅读社团活动计划。活动的形式多种多样,如举行读书故事会、读书心得交流会、优美片段朗诵赛、抢答辩论赛、"小博士,考考你"等活动。表扬表现好的孩子,评出"阅读之星",满足孩子的荣誉感,激发其阅读的积极性。
小小演讲家	小小演讲家课程旨在为全校同学服务,培养孩子的演讲能力与口才技能,丰富广大同学的课余生活,为有演讲才能的同学搭建一个施展口才的大舞台,以此提高同学们的综合素质,从而更好地推进校园文化建设。	1. 在本学期的教学活动中加强孩子的普通话基础训练,使其养成良好的用普通话说话的习惯。其次,演讲时注重师生合作、生生合作、相互倾听。通过师生合作、生生合作,相互倾听等各种方式的训练来丰富孩子的知识,锻炼孩子的口才,培养孩子的演讲能力,促进孩子发展,努力增强孩子的口头表达能力、社交能力。积极开展活动,推动校园文化建设,活跃校园学习气氛,丰富孩子课余文化生活。 2. 进行优秀演讲作品欣赏,在赏析中不断提高艺术修养。让孩子欣赏一些高水平的演讲比赛的表演,在赏析中提高自己对演讲的理解。在欣赏的过程中要求孩子能对自己的演讲提出更高的要求,不断地提升自我。 备注:在参加比赛或演出前自寻时间加强训练。

(二)"大美社团"评价要求

"大美社团"在丰富校园文化,培养孩子兴趣,发挥孩子特长,拓展孩子素质等方面发挥着越来越重要的作用。"大美社团"以其更大的活动空间,更丰富的活动内容,更灵活的活动方式,深受孩子的喜爱,发挥了重要作用。因此,我校将"大美社团"的建设作为培养孩子综合素质的重要途径,随着各个社团的规模不断扩大,社团活动日益丰富,社团作用不断增强,"大美社团"成为我校发展的一个"新亮点"。"大美社团"的评价目的和方法等方面应具有全面性、系统性,应按照动态生成、真实情境、多元评价、尊重差异、注重过程、关联结果的基本取向开展评价工作。"大美社团"评价要求如下表(见表1-4-8)。

表1-4-8 "大美社团"评价表

评价项目	评价标准	评价结果
组织建设	组织机构健全,各项规章制度健全(评价主要依据为申报材料中的组织机构介绍,社团章程及其他规章制度)。	
组织建设	指导老师对社团工作的指导,定期与社团沟通、联系,专门研究社团的工作计划与任务,及时解决社团工作中遇到的困难和问题(评分主要依据为指导老师参与社团活动的书面材料,照片等)。	
活动开展	每学期开学2周内,能递交学期活动计划,且材料符合社团联统一格式要求,内容合理详尽。	
活动开展	每次社团活动结束后有详细的活动总结、活动程序、工作方案等文字资料存档。	
宣传工作	及时向学校上报社团活动的最新动态。 及时上传新闻稿。	

总之,我们以"在生活中自然真实地感受语文美"的理念为中心,用"大美课堂""大美课程""大美节日""大美赛事""大美社团"构建了"大美语文"的实施路径,最终发展孩子的语文核心素养,实现"大美语文"为孩子的全面发展、终身发展助力。

综上所述,"大美语文"是我校语文教师智慧的结晶,课程的开发实施之路任重而道远,我们的"大美语文"课程也刚"小荷才露尖尖角",未来我们将更多地向各位专家、同行学习,在实践中砥砺前行。

(撰稿者:郭丹娜)

第二章
智趣数学：让学习充满智性的快乐

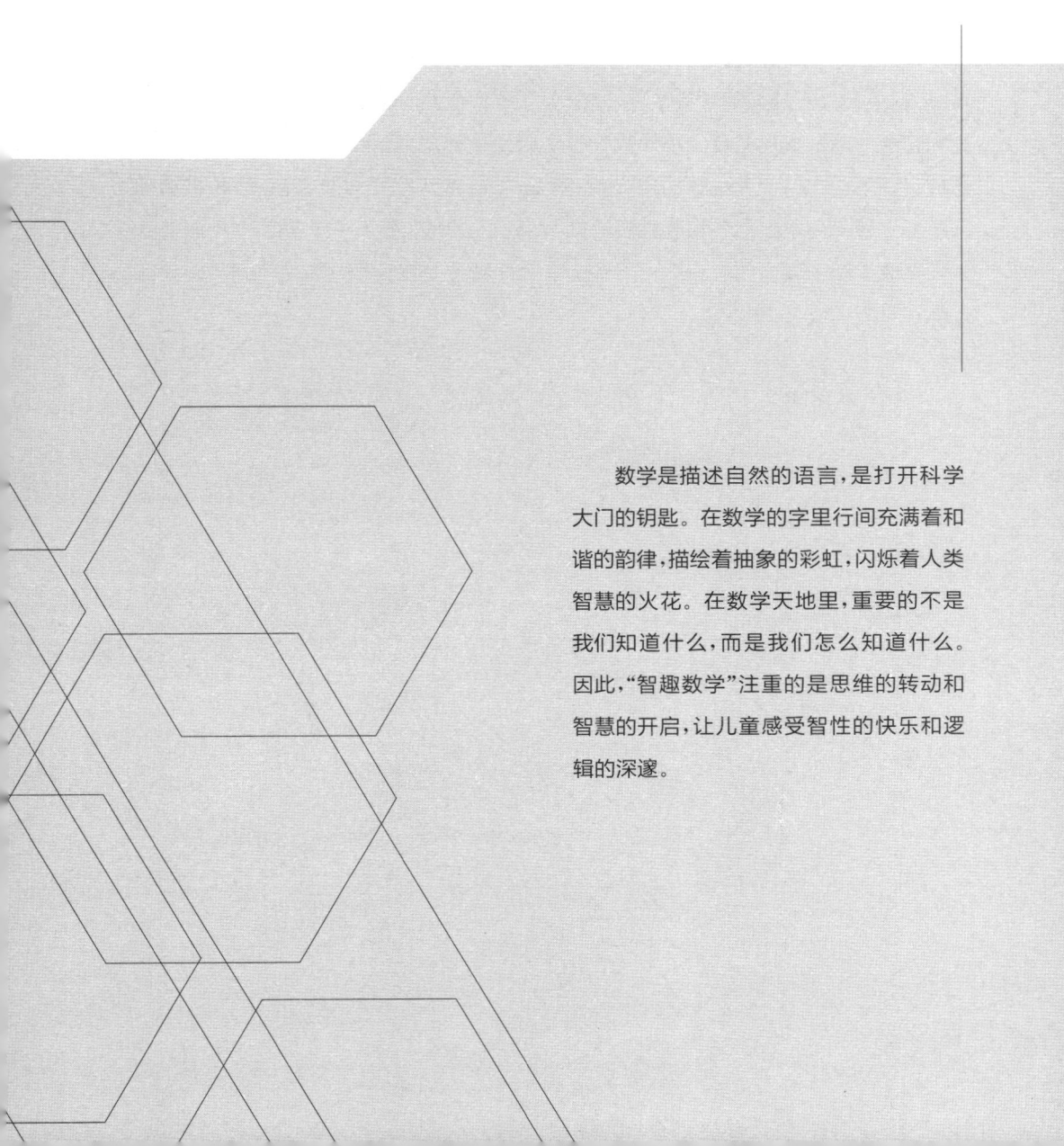

数学是描述自然的语言，是打开科学大门的钥匙。在数学的字里行间充满着和谐的韵律，描绘着抽象的彩虹，闪烁着人类智慧的火花。在数学天地里，重要的不是我们知道什么，而是我们怎么知道什么。因此，"智趣数学"注重的是思维的转动和智慧的开启，让儿童感受智性的快乐和逻辑的深邃。

广州市黄埔区夏园小学数学教研组，拥有6位优秀的数学教师，承担从一年级到六年级共12个班级的数学教学工作。其中在编教师有3位，编外教师有3位。团队虽小，但他们具有较强的学科素养，充分发挥团队合力的作用，利用丰富的数学学科资源和特色活动赛事促使夏园小学数学学科萌发出无限的活力。在学校"大敬"文化理念的引领下，在学校"大视野课程"的规划下，教研组认真开展教研活动，积极参加市、区教育主管部门组织的各类教科研活动，在教学方面取得了一定成果。我们依据《义务教育数学课程标准（2022年版）》等政策文件精神，推进我校"智趣数学"课程建设，取得了显著的成效。

第一节　让儿童感受智性的快乐

《义务教育数学课程标准(2022年版)》指出:"数学是帮助人们认识、理解和表达现实世界的本质、关系和规律,数学不仅是运算和推理的工具,还是表达和交流的语言,数学承载着思想和文化,是人类文明的重要组成部分。数学在形成人的理性思维、科学精神和促进个人智力发展中发挥着不可替代的作用。"[1]这些观点强调了拥有数学智慧的重要性和必要性。

一、学科价值观

好的数学课程不仅能使孩子掌握必备的基础知识和基本技能,培养孩子的抽象思维和推理能力,同时也培养孩子的创新意识和实践能力,促进孩子在情感态度与价值观等方面的发展。

因此,良好的数学教育要求我们不仅要教给孩子基础的数学知识,还要教会孩子学习的方法,丰富孩子的数学活动,让数学充满"智慧"和"趣味"。让智趣合一的数学吸引孩子、走进孩子,让孩子感受到思维的转动,智慧的开启,以及数学的乐趣,从而发自内心地喜欢数学、想要学好数学。因此,数学课程的学科价值观为:智趣相融,思维和实践同发展。

二、学科课程理念

在不断的教学实践中,学校明确提出"智趣数学"的课程理念,要求方法多样性和课堂趣味性有效结合,以智慧培养孩子的数学思维,以趣味调动孩子的课堂积极性,让孩子主动参与,积极思考、探索、内化、建构,享受数学趣味活动中的思维过程,感受数学学科的魅力,让数学充满智性的快乐。

---

[1] 中华人民共和国教育部. 义务教育数学课程标准(2022年版)[S]. 北京:北京师范大学出版社,2022:1.

(一)"智趣数学"是智慧的数学

"智趣数学"在实施基础类课程"四基""四能"的基础上,注重技巧和方法的交流和探究,帮助孩子提高智力和思维能力。

思考能力是最核心、最根本的学习能力,孩子只有通过思考才能把外在的知识转化为内在的知识,这样的学习才是有意义的、有价值的学习。因此"智趣数学"将始终把培养孩子的思考能力放在首位,让孩子乐于经历阅读、分析、判断、推理等数学学习历程,在思辨中让思维得到发展与提升。

表达能力意味着孩子不仅要有自己的想法、观点或思想、感情,还要能够比较准确、清晰地用自己的语言将其表示出来。因此在"智趣数学"的实施过程中,我们致力于培养孩子用准确、清晰、有条理的语言进行数学表达的能力,呈现解决问题的策略与思路,让孩子感悟数学语言的魅力。

(二)"智趣数学"是有趣的数学

"智趣数学"的"趣"不仅仅是简单地给孩子讲有趣的故事、看有趣的动画、做有趣的游戏,它培养的是孩子的数学理趣和情趣。

理趣即孩子的思维、逻辑的灵活性和创造性。"智趣数学"为孩子创设有效的数学思维情境,引导孩子有序思考,让孩子在活动中理清思维脉络,逐渐学会分析问题的基本方法,从而掌握正确的思维方式,真正做到逻辑清晰、条理分明,培养思维的灵活性和创造性。

情趣即孩子通过了解数学文化和历史,感受数学与人类社会发展之间的相互作用,体会数学知识的形成过程,体会数学的应用价值、人文价值,开阔视野,寻找数学进步的历史轨迹,受到优秀文化的熏陶,领会数学的价值,从而提高自己的数学素养。

(三)"智趣数学"是有用的数学

词典中"笃行"的解释为:学的最后阶段,就是既然学有所得,就要努力践履所学,使所学最终有所落实,做到"知行合一"。这也是我们一直在追求的应用意识和学用交融的境界。"智趣数学"注重培养孩子将学习所得融合、内化、迁移的能力,使其能自如地将所学运用到现实生活中,享受应用数学的价值。

总之,"智趣数学"课程致力于追求智趣合一的学习境界,通过勤于思、善于言、重于行的学习过程,促进孩子学科素养的发展,达到学用交融的目的。

第二节 用数学点燃思维的火花

我校"智趣数学"基于学科课程目标开展教学,学科课程目标由学科课程总体目标和学科课程年级目标组成。

一、学科课程总体目标

《义务教育数学课程标准(2022年版)》指出,课程目标的确定,立足学生核心素养发展,集中体现数学课程育人价值。小学阶段,核心素养主要表现为:数感、量感、符号意识、运算能力、几何直观、空间观念、推理意识、数据意识、模型意识、应用意识、创新意识。[1] 通过义务教育阶段的数学学习,学生逐步会用数学的眼光观察现实世界,会用数学的思维思考现实世界,会用数学的语言表达现实世界(简称"三会")。

因此,"智趣数学"学科课程总目标为:

(1) 学生能获得适应未来生活和进一步发展所必需的数学基础知识、基本技能、基本思想、基本活动经验;

(2) 学生能体会数学知识之间、数学与其他学科之间、数学与生活之间的联系,在探索真实情境所蕴含的关系中,发现问题和提出问题,运用数学和其他学科的知识与方法分析问题和解决问题;

(3) 学生能对数学具有好奇心和求知欲,了解数学的价值,欣赏数学美,激发学习数学的兴趣,建立学好数学的信心,养成良好的学习习惯,形成质疑问难、自我反思和勇于探索的科学精神。[2]

二、学科课程年级目标

我校根据《义务教育数学课程标准(2022年版)》,结合各年级教材和教学用书,制

---

[1] 中华人民共和国教育部. 义务教育数学课程标准(2022年版)[S]. 北京:北京师范大学出版社, 2022:7.

[2] 中华人民共和国教育部. 义务教育数学课程标准(2022年版)[S]. 北京:北京师范大学出版社, 2022:11.

定的学科课程年级目标,这里以二年级为例(见表 2-2-1)。

表 2-2-1 "智趣数学"二年级单元目标

二年级单元目标		
	上学期	下学期
第一单元	共同目标 1. 通过让孩子观察,亲身体会一庹、一拃、一脚有多长,使孩子体会统一长度单位的必要性,知道长度单位的作用。 2. 使孩子通过操作,认识长度单位厘米和米,初步建立 1 厘米、1 米的长度观念,知道 1 米＝100 厘米。 3. 使孩子初步学会用尺子量物体的长度(限整厘米和整米)。 4. 使孩子初步认识线段,学会用尺子量线段的长度,会按给定长度画线段(限整厘米)。 5. 在建立长度观念的基础上,让孩子尝试估测物体的长度,初步培养孩子估量物体长度的意识和能力。 6. 培养孩子的互助合作精神和用数学的意识。 校本目标 在建立长度观念的基础上,让孩子尝试估测物体的长度,初步培养孩子估量物体长度的能力和互助合作的精神。	共同目标 1. 使孩子在贴近生活的情境中经历简单的数据收集和整理的过程,学会用调查法来收集数据。学会在分析的基础上用写"正"字的方法记录数据,认识简单的统计表,会用给定的统计表呈现和整理数据。 2. 通过对数据进行简单的分析,使孩子初步体会运用数据进行表达和交流的作用,感受数据中蕴含的信息。 3. 通过对周围现实生活中有关事例的调查,使孩子初步体会调查所得的数据的作用,培养初步的数据分析观念。 校本目标 通过对周围现实生活中有关事例的调查,使孩子初步体会调查所得的数据的作用,培养初步的数据分析观念。
第二单元	共同目标 1. 借助对小棒、圆片等直观学具的操作,使孩子探索并发现 100 以内的两位数加、减两位数的算理和算法,能正确地计算 100 以内的两位数加、减两位数的试题。 2. 使孩子掌握连加、连减和加减混合竖式的简便写法,能正确、灵活地计算连加、连减和加减混合试题(包括含有小括号的)。	共同目标 1. 让孩子在具体情境中理解平均分及除法运算的含义。能进行平均分。会读、写除法算式,知道除法算式的各部分的名称。 2. 使孩子初步认识乘法、除法之间的关系。能比较熟练地用 2—6 的乘法口诀求商。

续表

	上学期	下学期
	3. 使孩子能够运用所学的100以内的加减法知识解决实际问题,培养孩子提出问题、解决问题的能力。 4. 使孩子在解决问题的过程中,感受到两位数加、减两位数与两位数加、减一位数和整十数有着密切的联系,体会数学的价值。 **校本目标** 使孩子能正确地计算100以内的两位数加、减两位数。	3. 使孩子会用画图、语言叙述等方式表征理解问题和分析问题的过程,能运用加法、减法、乘法和除法解决简单的实际问题。 4. 结合教学使孩子受到爱学习、爱劳动、爱护大自然的教育;同时培养孩子认真观察、独立思考等良好的学习习惯。 **校本目标** 使孩子通过画图理解平均分的含义,并能描述份数和每份数。
第三单元	**共同目标** 1. 结合生活情景及操作活动,使孩子初步认识角,知道角的各部分名称,初步学会用尺画角。 2. 结合生活情景及操作活动,使孩子初步认识直角、锐角和钝角,会用三角尺判断一个角是直角、锐角还是钝角。 3. 让孩子运用角的知识解决简单的问题,继续培养孩子解决问题的能力。 4. 培养孩子初步的观察能力、动手操作能力,尝试从教学的角度去观察周围的世界。 **校本目标** 1. 让孩子通过动手制作不同的角进行比较,感受角的大小与边的长短无关。 2. 使孩子能运用三角尺的直角分辨直角、锐角和钝角。	**共同目标** 1. 借助日常生活中的对称现象,通过观察、操作,使孩子直观认识轴对称图形,能辨认轴对称图形。 2. 借助日常生活中的平移现象,通过观察、操作,使孩子初步理解图形的平移,能辨认简单图形平移后的图形。 3. 借助日常生活中的旋转现象,通过观察、操作,使孩子初步理解旋转。 4. 使孩子能够用轴对称图形的知识解决简单的实际问题,继续培养孩子解决问题的能力。 5. 使孩子感受到图形的运动在生活中的应用,体会到数学与现实生活的密切联系,感受数学美。 **校本目标** 让孩子感受图形的平移、旋转和轴对称在生活中的应用,体会到数学与现实生活的密切联系,感受数学美。

续 表

	上学期	下学期
第四单元	共同目标 1. 让孩子在具体情境中体会乘法运算的意义。 2. 使孩子知道乘法算式各部分的名称,知道乘法的口诀是怎样得来的。熟记2—6的乘法口诀,比较熟练地口算6以内的两个数相乘。 3. 使孩子初步学会根据乘法的意义解决一些简单的实际问题。 校本目标 通过游戏使孩子能熟练地口算6以内的表内乘法。	共同目标 1. 让孩子经历用7、8、9的乘法口诀求商的过程,理解用乘法口诀求商的算理,掌握用乘法口诀求商的一般方法。 2. 使孩子能比较熟练地运用乘法口诀求商,并会用除法解决简单的实际问题。 3. 使孩子在用乘法口诀求商的过程中,初步学会运用分析、推理、迁移的方法学习新知识,体验成功的乐趣。 校本目标 使孩子能比较熟练地运用乘法口诀求商,并会用除法解决简单的实际问题。
第五单元	共同目标 1. 知道从不同位置观察到的物体的形状可能是不同的,能辨认从不同位置看简单物体的形状,能辨认从不同位置看到的简单几何形体的形状。 2. 能解决简单的问题,发展空间观念和推理能力。 3. 经历观察、操作、想象等活动,初步掌握全面、正确地观察物体的基本方法。 4. 感受局部与整体的关系,初步形成全面看待事物的意识。 校本目标 经历观察、操作、想象等活动,发展空间观念和推理能力。	共同目标 1. 使孩子正确理解和掌握含有两级运算的混合运算的运算顺序,能正确按照运算顺序进行脱式计算。 2. 在探索和交流如何解决实际问题的过程中,使孩子感受解决问题的一些策略和方法,并逐步学会列综合算式解决需要用两步计算才能解决的问题。 3. 通过解决实际问题的过程,培养孩子发现和提出问题、分析和解决问题的能力,同时培养孩子养成认真审题、独立思考、准确计算、规范书写、仔细验算等良好的学习习惯。 校本目标 在探索和交流如何解决实际问题的过程中,使孩子感受解决问题的一些策略和方法,并逐步学会列综合算式解决需要用两步计算才能解决的问题。

续 表

	上学期	下学期
第六单元	共同目标 1. 经历编制 7—9 的乘法口诀的过程,知道 7—9 的乘法口诀的来源,理解每一句乘法口诀的意义,初步记熟 7—9 的乘法口诀。 2. 能熟练地计算表内乘法,会用乘法解决简单的实际问题。 3. 通过编制乘法口诀的活动,初步学会运用类比推理的方法学习新知识。 4. 通过记忆乘法口诀的活动,初步形成评价与反思的意识,体验获得成功的乐趣。 校本目标 通过游戏,能熟练地口算 7—9 的表内乘法。	共同目标 1. 通过操作、观察、对比等,使孩子发现日常生活中在分物时存在着分不完有剩余的情况,借此理解余数及有余数的除法的含义,初步培养孩子全面思考问题的意识。 2. 通过操作、观察、对比等活动,让孩子经历除法竖式(含表内除法的竖式)的书写过程,理解竖式中每个数所表示的意思,初步培养孩子的观察、分析能力以及恰当地进行数学表达的能力。 3. 使孩子初步掌握试商的基本方法,并能较熟练地进行有余数的除法的口算和笔算,培养孩子的运算能力。 4. 使孩子初步学会用有余数的除法解决生活中的简单问题,初步感受数学与生活的联系,继续掌握解决问题的基本思路和基本方法。 校本目标 通过操作、观察、对比等,使孩子发现日常生活中在分物时存在着分不完有剩余的情况,借此理解余数及有余数的除法的含义,初步培养孩子全面思考问题的意识。
第七单元	共同目标 1. 在具体的生活情境中,借助钟面认识时间单位"分",知道 1 时 = 60 分。 2. 结合直观演示和操作,知道在钟面上分针走 1"小格"是 1 分钟,初步认识几时几分,会读写几时几分和几时半。 3. 会运用时间的有关知识解决一些简单的实际问题。	共同目标 1. 使孩子经历数数的过程,体验数的产生和作用,能在现实情境中感受大数的意义。 2. 使孩子能够正确地认、读、写万以内的数,理解各数位上的数字表示的意义,并知道这些数是由几个千、几个百、几个十和几个一组成的。掌

续 表

	上学期	下学期
	4. 进一步学习观察、比较的方法,并形成初步的推理能力。 5. 初步养成珍惜时间、合理安排时间的习惯。 **校本目标** 初步认识几时几分,会读写几时几分和几时半,并养成珍惜时间、合理安排时间的习惯。	握万以内数的顺序,会比较万以内数的大小,能用符号和词语描述万以内数的大小。 3. 使孩子会用万以内的数表示日常生活中的事物,能进行简单的估计和交流。同时,会在算盘上表示出万以内的数。 4. 结合现实素材使孩子认识近似数,能结合具体情境体会使用近似数的意义,进一步形成数感。 5. 使孩子能进行整百、整千数加、减的口算,会在实际情境中选择恰当的方法进行简单的估算,体会估算在生活中的作用,积累解决问题的基本经验。 6. 使孩子在认数的过程中,感受新旧知识之间的联系,进一步感受十进位值制思想,感受数学的简洁性。同时,使孩子体验通过自主探索获得成功的喜悦,进一步激发孩子学习数学的兴趣。 **校本目标** 1. 使孩子会用万以内的数表示日常生活中的事物的数量,能进行简单的估计和交流。 2. 使孩子会在算盘上表示出万以内的数。
第八单元	**共同目标** 1. 通过操作、观察、猜测等活动,使孩子了解发现最简单的事物的排列数和组合数的基本思路、方法,初步培养孩子有序、全面地思考问题的意识,使其初步体会排列与组合的思想方法。	**共同目标** 1. 通过掂一掂、估一估、称一称等活动,使孩子认识质量单位克和千克,知道1千克=1000克,会进行简单的单位换算。 2. 使孩子初步了解天平和常用的用

续 表

	上学期	下学期
	2. 在发现最简单的事物的排列数和组合数的过程中,培养孩子初步的观察、分析、推理能力,以及恰当地进行数学表达的能力。 3. 使孩子初步感受排列与组合的思想方法在日常生活中的应用,初步感受数学与生活的联系。 校本目标 使孩子初步感受排列与组合的思想方法在日常生活中的应用,初步感受数学与生活的联系。	"千克"作单位的秤,知道用秤称物体的方法,能够进行简单的计算。 3. 使孩子在初步建立1克和1千克的观念的基础上,会以次为标准估量物体的质量,并能解决一些简单的实际问题;同时体会学习质量单位的必要性,进一步培养孩子的数感。 校本目标 通过掂一掂、估一估、称一称等活动,加深孩子对克和千克的认识。
第九单元		共同目标 1. 通过观察、猜测等活动,让孩子借助生活中简单的事件初步理解逻辑推理的含义,并能按一定的方式整理信息,进行推理;经历简单推理的过程,初步获得一些简单推理的经验。 2. 通过游戏,让孩子用推理解决一些简单的数学问题,使孩子感受推理的作用,初步培养孩子有顺序地、全面地思考问题的意识。 3. 通过观察、猜测、解决问题等活动,培养孩子初步的观察、分析、推理和解决问题的能力,以及有条理地阐述自己推理过程的数学表达能力。 校本目标 通过游戏,让孩子用推理解决一些简单的数学问题,使孩子感受推理的作用,初步培养孩子有顺序地、全面地思考问题的意识。

第三节　富含智慧牵引力的数学生活

为了实现"智趣数学"的学科课程理念和上述课程目标，我校基于《义务教育数学课程标准（2022年版）》，并结合孩子的实际情况和个性特点，建构我校数学学科课程框架，通过数学特色课程让孩子感受数学的智慧和趣味。

一、学科课程结构

基于我校"智趣数学"的学科理念和课程目标，结合《义务教育数学课程标准（2022年版）》中课程内容的四个部分"数与代数""图形与几何""统计与概率""综合与实践"，我校设置了"智趣运算、智趣图形、智趣统计、智趣探究"四大板块（见图2-3-1）。

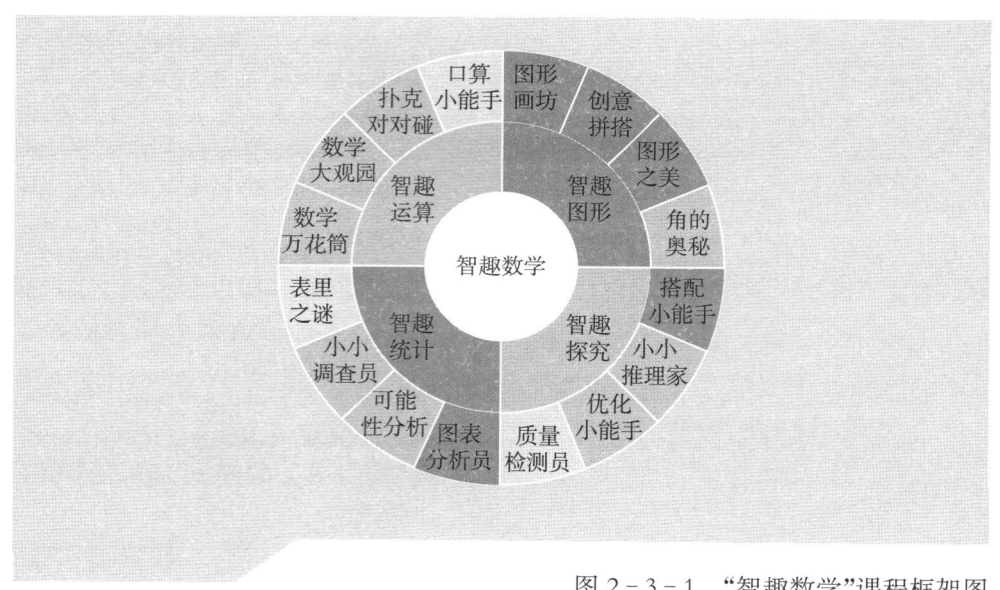

图2-3-1　"智趣数学"课程框架图

（一）智趣运算

通过开展有趣的计算、巧算活动，丰富解题策略，提高孩子的计算兴趣、计算能力，发展其思维的灵活性。开设的课程有"口算小能手""扑克对对碰""数学大观园""数学万花筒"等。

（二）智趣图形

根据孩子已有的生活经验和不同的认知规律，引导孩子调动多种感官进行探究活动，经历剪、拼、画等动手操作活动和观察活动，体会图形变化的神奇，进一步发展孩子的空间观念。开设的课程有"图形画坊""创意拼搭""图形之美""角的奥秘"等。

（三）智趣统计

经历简单的数据收集和整理的过程，能用自己的方式呈现出结果，并体会统计的价值，发展统计观念。开设的课程有"表里之谜""小小调查员""可能性分析""图表分析员"等。

（四）智趣探究

依托自主探究、小组合作等形式，为孩子提供参与社会实践活动的平台，使其感悟数学与生活的联系，发展应用意识。开设的课程有"搭配小能手""小小推理家""优化小能手""质量检测员"等课程。

二、学科课程设置

"智趣数学"以课程目标的达成和核心素养的落实为出发点，围绕"智趣合一"的学科理念，除了基础课程之外，拓展课程设置如下所示（见表2-3-1）。

表2-3-1　"智趣数学"课程设置表

年级	学期	智趣运算	智趣图形	智趣统计	智趣探究
一年级	上学期	数字王国	图形画坊	数的组成	神奇的位置
	下学期	口算小能手	创意拼搭	表里之谜	生活中的规律

续 表

年级	学期	智趣运算	智趣图形	智趣统计	智趣探究
二年级	上学期	扑克对对碰（乘法）	测量小能手	我的时间安排	搭配小能手
	下学期	扑克对对碰（除法）	图形的运动（一）	小小调查员	小小推理家
三年级	上学期	数学大观园（万以内加减法、多位数乘一位数）	长方形和正方形的应用	运动计时统计	数字编码
	下学期	数学大观园（除数是一位数的除法、两位数乘两位数）	图形之美（面积）	复式统计表	生活中的数学
四年级	上学期	数学万花筒（大数的认识）	角的奥秘	条形统计图	优化小能手
	下学期	运算定律中的巧算	图形的运动（二）	平均数与条形统计图	鸡兔同笼探究
五年级	上学期	小数乘法速算法	平面图形内在联系	可能性分析	植树中的数学
	下学期	分数加减技巧	不规则物体体积探索	图表分析员（折线统计图）	质量检测员
六年级	上学期	一题多解	圆的奥秘	图表分析员（扇形统计图）	确定起跑线的奥秘
	下学期	百分数和比例	圆柱和圆锥的应用	生活中的负数	自行车里的数学

第四节　寓学于趣的数学学习过程

"智趣数学"课程依据学科课程理念、课程目标、课程设置,结合学校现状和师生特点,从五个方面设计课程实施与评价,即"智趣课堂""智趣课程""智趣数学节""智趣赛事""智趣社团",旨在践行"智趣合一"的课程理念,发展孩子的数学核心素养,实现"智趣数学"的价值。

一、建构"智趣课堂",提升课程品质

"智趣课堂"是智慧而有趣的学习过程,让我们不断追溯数学的本源。"智趣课堂"设定多元的学习目标,选择丰富的学习内容,制定灵活的学习方法,睿智幽默的教学语言,彰显"智趣数学"的智慧和趣味,构建和谐的学习氛围。引导孩子不断地发现问题,自然地深入思考,灵活地解决问题。因此,"多元""丰富""和谐""有趣""灵活"就是"智趣数学课堂"的关键词。

(一)"智趣课堂"的要义与操作

"智趣课堂"的学习目标是多元清晰的,学习内容是丰富鲜活的,学习方式是自主融洽的,学习效果是学用结合、全面发展的。

1. "智趣课堂"设定多元的课堂目标。课堂目标是教与学的核心与灵魂,是课堂中师生学习活动的方向标。课堂目标一旦确定,整个学习活动就要遵循它的轨道。多元的目标丰富而不杂乱,开放而不宽松,自主又有合作,充分体现了"能动数学课堂"的理念和时代性。

2. "智趣课堂"设置丰富的学习内容。就数学学科本身的特点而言,如果学习内容过于刻板、枯燥,会降低孩子的学习兴趣和效果。因此为孩子提供大量丰富而有趣的综合性素材,创造更多自主学习的机会,显得尤为重要,这样使有着不同学习能力的孩子都能在"智趣课堂"上得到应有的发展。前期备课的时候,老师们就会根据整册教材的内容,确定符合孩子年龄特征的学习内容,并与基础类课程进行融合,行之有效地穿插在课堂当中。

3. "智趣课堂"体现和谐的课堂环节。在"智趣课堂"上,发散的创新思维使课堂

活泼生动,严谨的逻辑思维使孩子的学习过程更缜密。在课堂学习过程中,有意识地逐步培养孩子乐于思考、勇于质疑、思维缜密、言必有据的良好思维习惯,让孩子在数学学习中体验思维的快乐。教学环节需要预设,但不能依赖预设。课堂上,老师和孩子常常相互对话、相互启发。孩子经常扮演老师的角色,把自己精心预习的内容,讲给大家听。其他孩子进行质疑,孩子在思辨、质疑、互动中提升自己、获取新知。

4. "智趣课堂"创设有趣的文化氛围。名师许淑一的慧语:"数学阅读从不同视角丰富孩子对数学概念的理解,帮助孩子认识数学价值,形成良好的数学情感。尤其是,不同的价值理念浸润文本,必然对孩子的习惯养成、品格形成、价值观塑造带来影响。"把数学文化充盈在课堂之内,渗透于师生之间,点缀其中,就会活跃课堂的氛围,唤起孩子无限的遐想,吸引孩子自觉走进数学的王国。学期初,老师都会根据教材推荐适合孩子阅读的书籍,课堂上给孩子一两分钟展示与本节课学习内容相关的数学文化。

5. "智趣课堂"呈现灵活的教学方法。"智趣课堂"的教学方法,不拘一格,灵活多样,孩子通过讲故事、动手比拼、小组参与等方式融入课堂,能够更好地走进数学文本,增强教与学的趣味性。课堂上丰富的教学活动、多样的教学方法、巧妙的教学语言,彰显了教师在教学过程中的智慧与创新,凸显了孩子在学习过程中的探索性和自主性。

(二) "智趣课堂"的评价标准

多元化的评价途径更符合孩子的成长特点,有利于孩子的主动发展,增强孩子的自信心,调动孩子的热情,让孩子发现自己的进步。同时,使教师更深入地理解"智趣课堂"的理念,提升教师的专业素养,丰富教师的课堂经验,完善课堂的构成要素,实现师生相长。我们根据课型的不同,设计"智趣课堂"教学评价表如下(见表2-4-1)。

表2-4-1 "智趣课堂"教学评价表

指标权重	评价要求	得分
教学目标 15分	1. 目标符合数学课程标准要求,符合孩子的生活实际。 2. 目标体现知识与技能、策略与方法的生成性,思维活动的激发与引导性,情感的生成与支持性,态度与价值观的形成性;三维目标和谐统一。 3. 以目标统领教学准备与教学实践。	

续 表

指标权重	评 价 要 求	得分
教学内容 20分	1. 内容合理、难易适度,符合孩子年段目标。 2. 内容丰富有趣,贴近孩子生活实际。	
教学过程 25分	1. 情境有利于唤起孩子的生活经验,有利于孩子主动开展数学认知活动。 2. 提供丰富的生活资源,满足孩子多样化学习与探究和思考的需求;教学手段符合教学实际和需求;有效利用课堂生成资源。 3. 科学、恰当地组织孩子开展独立探究、小组合作与交流等活动,组织得当,引导与指导到位。	
教学方法 15分	1. 方法多样、灵活、有效、启发性强。 2. 注意引导孩子经历、体验知识的形成过程,充分发挥孩子的自主性,教师点拨到位。	
教学效果 25分	1. 口头语言与肢体语言具有亲和力、感染力,思维清晰,语言精辟。 2. 教学设计与实践个性化。 3. 具有深厚的学术素养和数学文化底蕴,厚积而薄发。 4. 教学开放且调控得体、得力。	
优:100—90分	良:89—70分　　合格:69—60分　　待合格:60分以下	总分:

二、打造"智趣课程",优化课程体系

"智"指智力、智慧、智能,"趣"指兴趣、乐趣、情趣、志趣,"智趣课程"即通过聚焦目标、构建链条、组合搭配、整合优化四个步骤优化课程体系,让孩子喜欢数学、爱上数学、享受学习数学的乐趣和妙趣。

(一)"智趣课程"的要义与操作

"智趣课程"蕴含两根主线,一是孩子的智趣学习,二是教师的智慧教学,这两根主线相辅相成,共同构成"智趣课程"基本架构,即在教材运用和课程资源开发上突出化智为趣、趣中生智、智从趣来。

1. 聚焦素养。"智趣课程"注重孩子数学素养的提高,通过数学科组精心挑选的

丰富的课程内容为孩子数学素养的提高奠定了基础,以及运用孩子自主探索和合作探讨相结合的活动方式进一步提高孩子的数学素养。

2. 联系生活。"智趣课程"为了让孩子们真正感受到数学来源于生活并爱上数学,为孩子们提供相关主题,由孩子们自主搜集生活中真实遇到的数学问题,由班上的同学一起来思考和解决。在搜集的过程中提高了孩子的积极性和培养了孩子善于观察的品质。孩子在分享和帮助别人解答问题的过程中对生活中存在的数学问题有了更深入的思考和启发。

3. 注重应用。"智趣课程"不仅教给孩子们知识,还强调数学知识的应用。在课程中设置了需要孩子们课后调查的调查表或统计表等,并设置了相关赛事,调动了孩子们应用知识的积极性。

4. 活用资源。"智趣课程"注重资源的灵活运用,同一内容、同一素材,可采用不同的形式进行活动,让孩子们从旧知识中也能不断获得新的体验。

(二)"智趣课程"的评价标准

"智趣课程"应具有趣味性、探究性、合作性,从而真正促进孩子的发展。为了评价"智趣课程",我校由学科负责人以及孩子代表组成评价小组,从课程理念、课程内容、开展形式、课程实施、课程效果五个方面进行评价。评价标准如下(见表2-4-2)。

表2-4-2 "智趣课程"评价表

指标权重	评 价 要 求	得分
课程理念 15分	1. 使不同孩子都得到不同的发展。 2. 与孩子所学知识具有对接性。	
课程内容 25分	1. 难易适度,符合孩子的年龄特征。 2. 有趣味性,提高孩子的兴趣。 3. 贴近生活实际,增强孩子的整理归纳能力。	
开展形式 20分	1. 形式生动活泼,把孩子引入求知的活动中。 2. 班班结合,数学知识与社交能力共同增长。 3. 家校结合,多方面开发资源。	
课程实施 15分	1. 注重对孩子的启发和引导。 2. 科学、恰当地组织孩子开展独立探究、小组合作与交流等活动。	

续 表

指标权重	评价要求	得分
课程效果 25分	1. 孩子的兴趣得到培养，个性特长得到发展。 2. 拓展了孩子的思维空间，培养了孩子的创新意识。	
优：100—90分	良：89—70分　　合格：69—60分　　待合格：60分以下	总分：

三、开设"智趣数学节"，营造浓郁的课程氛围

"智趣数学节"丰富了校园的数学文化，提高了孩子的数学素养，营造出热爱数学、钻研数学的文化氛围。在"智趣数学节"当中，各年级的孩子热情高涨地融入数学的海洋中，最大限度地发挥自己的聪明才智，把严谨的数学知识变成了好玩的、有趣的各种活动。

（一）"智趣数学节"的要义与操作

数学节不但有其特殊的意义，也承载了许多数学文化。因此，我校也设立了"智趣数学节"，为孩子提供展示自己智慧的平台，营造了浓厚的数学文化气息，提升了孩子的数学素养。数学节的内容不是固定不变的，教师可以根据实际情况，重新创设有意义的节日内容。先拟定出数学节的名称由来、知识内容、实施计划、评价方法等，再由课程委员会及孩子代表进行评议。根据各个年级孩子的特点，开设了不同的体验项目。主要项目有：

1. "玩转七巧板"项目。该项目主要适用于一、二年级孩子，一年级孩子开展对七巧板进行图案拼组的比赛，将图形与生活中的物体联系起来，发挥孩子的想象力。对于二年级孩子，主要开展对七巧板进行迅速归位的比赛，增强孩子的记忆力，培养孩子的空间思维。

2. "数学手抄报"项目。该项目主要适用于三到六年级的孩子，通过手抄报的绘制帮助孩子对数学单元知识或本学期知识进行整理和归类，培养孩子整理归纳的习惯。

3. "百变魔尺"项目。该项目主要适用于一、二年级孩子，通过旋转魔尺拼出各种图形，培养孩子的空间思维和想象力。

4."华容道"项目。该项目根据三到六年级分别设置3乘3、4乘4等不同难度的华容道,培养孩子的动手能力和逆推思维。

（二）"智趣数学节"的评价标准

我校要求"智趣数学节"活动具有开放性、趣味性,构建适合孩子年龄特征的评价体系,能保证节日课程的高效开展,从而真正促进孩子的发展。由主管领导、课程委员会的老师和孩子代表组成评价小组,从活动意义、活动内容、开展形式、活动过程、活动效果五个方面进行评价。"智趣数学节"评价标准如下(见表2-4-3)。

表2-4-3 "智趣数学节"评价表

指标权重	评 价 要 求	得分
活动意义 15分	1. 增强孩子学习数学的兴趣。 2. 让孩子们感受数学来源于生活。 3. 培养孩子们的竞争意识和合作精神。	
活动内容 20分	1. 难易适度,符合孩子的年龄特征。 2. 有趣味性,提高孩子的兴趣。 3. 贴近生活实际,增强孩子的整理归纳能力。	
开展形式 20分	1. 形式生动活泼,把孩子引入求知的活动中。 2. 班班结合,数学知识与社交能力共同增长。 3. 家校结合,多方面开发资源。	
活动过程 20分	1. 孩子参与积极,主体作用发挥得好。 2. 各种能力增长遵循循序渐进。 3. 教师管理有方,孩子活动有序。	
活动效果 25分	1. 孩子的兴趣得到培养,个性特长得到发展。 2. 拓展了孩子的思维空间,培养了孩子的创新意识。	
优:100—90分	良:89—70分　　合格:69—60分　　待合格:60分以下	总分:

四、建构"智趣赛事",培养竞赛精神

"智趣赛事"在巩固孩子的基础知识的同时提升孩子的数学素养,培养孩子的数学

竞赛精神，营造出热爱数学、钻研数学的文化氛围。在"智趣赛事"当中，各年级的孩子都积极参与，做足充分的准备，加强日常口算的训练和解题技巧的训练，争取在比赛中最大限度地发挥自己的水平。

(一)"智趣赛事"的要义与操作

为了进一步增强我校孩子的口算能力和解题能力，培养其良好的计算习惯和解题习惯，促进孩子数感的全面提升和对解题技巧的掌握，以及增强孩子的统计调查能力和归纳整理的能力，我校开展各项赛事。主要赛事有：

1. 口算比赛。每学年的第一学期都会进行一次全校性的口算比赛，口算的内容根据各年级所学内容进行设置，并设置时间限制，比赛结束后，根据正确率高低设置一、二、三等奖，提高孩子练习口算的积极性，培养孩子的竞争意识。

2. 解题比赛。每学年的第二学期都会进行一次全校性的解题比赛，比赛的内容根据各年级所学问题知识设置，为了实现不同孩子得到不同程度的发展，题目的难度不仅分基础题、中等题，还有思考题等，并设置时间限制，比赛结束后，根据正确率高低设置一、二、三等奖，提高孩子灵活解决问题的能力，锻炼孩子的数学思维。

3. 手抄报比赛。每学期举行一次手抄报比赛，对手抄报的主题不做过多的限制，给予孩子们发挥的空间，既可以是对单元知识的整理和归纳，也可以是搜集数学名家的故事，抑或是数学课外小知识等。通过手抄报的制作，让数学与生活联系起来，培养孩子们的想象力和动手能力。

(二)"智趣赛事"的评价标准

各年级试题按教学进度合理编制，要求试题具有一定的科学性、灵活性。"智趣赛事"的评价标准如下（见表2-4-4）。

表2-4-4 "智趣赛事"评价表

指标权重	评价要求	得分
竞赛意义 15分	1. 增强孩子学习数学的兴趣。 2. 让孩子们感受数学来源于生活。 3. 培养孩子们的竞争意识和合作精神。	

续表

指标权重	评 价 要 求	得分
竞赛内容 20分	1. 难易适度,符合孩子的年龄特征。 2. 具有灵活性,增强孩子的思维能力。 3. 具有层次性和相应的挑战性。	
竞赛形式 20分	1. 各年级形式多样,符合该年级孩子的特点和兴趣。 2. 每个孩子都参与其中,设置不同的荣誉称号,使每个孩子都得到相应的奖励和鼓励。	
竞赛过程 20分	1. 孩子参与积极,主体作用发挥得好。 2. 各种能力增强,遵循循序渐进。 3. 教师管理有方,孩子活动有序。	
竞赛效果 25分	1. 增强孩子的口算能力和解题能力。 2. 调动孩子进行口算训练和解题技巧训练的积极性。 3. 培养孩子的竞赛精神。	
优:100—90分	良:89—70分　　　合格:69—60分　　　待合格:60分以下	总分:

五、组织"智趣社团",发展学习兴趣

"智趣社团"给孩子搭建了一个展示自己的平台,满足了他们对数学知识的高度热情,激发了孩子与数学之间的浓厚的感情,我们的数学社团在不知不觉中将孩子引入奇妙的数学世界。

(一)"智趣社团"的要义与操作

我们不仅有基础类和多样的嵌入类课程,也提供了丰富的数学社团,充分尊重孩子的选择权。发布社团的相关信息,孩子通过报名自愿选择参加,以尊重孩子为前提,经过各方面协调,确定社团的任课教师以及孩子名单。我校开展数学创意社、数学阅读社、数学文化社。

数学创意社主要培养孩子对于生活中各种图形和符号的美的观察和发现。通过绘画和制作各种不同材质、不同形状、不同图案的数学博士帽和数学礼服,激发孩子对于学习数学图形和符号的兴趣。

数学阅读社主要培养孩子感受生活与数学的联系,以及培养孩子检索阅读材料中数学信息的能力。参加数学阅读社的孩子每周开展阅读分享会,并每月进行阅读心得评比,将好的作品张贴展示,增强孩子的阅读兴趣。

数学文化社旨在拓宽孩子对数学文化的了解,使其了解数学形成的历史过程,以及学习数学家们的数学精神。参加数学文化社的孩子自主搜集关于数学历史文化、发展过程、名人学者的故事,于午读前通过广播播报丰富的材料故事,宣传数学家的数学精神以及数学文化。

(二)"智趣社团"的评价标准

"智趣社团"活动,激发了孩子学习数学的兴趣,陶冶了孩子的情趣、磨炼了孩子的意志、增进了同学间的友谊。"智趣社团"的评价标准如下(见表2-4-5)。

表2-4-5 "智趣社团"评价表

指标权重	评价要求	得分
社团意义 20分	1. 增强孩子学习数学的兴趣。 2. 让孩子们感受数学来源于生活。 3. 培养孩子们的竞争意识和合作精神。	
社团内容 20分	1. 难易适度,符合孩子的年龄特征。 2. 具有灵活性,提高孩子的思维能力。 3. 具有层次性和相应的挑战性。	
社团实施 30分	1. 制定可行的管理制度及详细的活动计划。 2. 活动主题、内容、形式有创新。 3. 活动组织得井然有序,学习氛围浓厚。 4. 社团名册及活动过程记录翔实。 5. 活动照片及孩子作品保存完整。 6. 教师的指导张弛有度,有针对性。 7. 每次活动结束后都有相应的总结、反馈、评价。	
成果展示 30分	1. 展示形式丰富新颖。 2. 内容符合社团特点、全面完整。 3. 活动小组分工合作有序。 4. 形成有借鉴价值的经验与反思。	
优:100—90分	良:89—70分	合格:69—60分	待合格:60分以下	总分:

总之,"智趣数学"是我校数学教师智慧的结晶,课程的开发实施之路任重而道远,我们的"智趣数学"课程也刚"小荷才露尖尖角",未来我们将更多地向各位专家、同行学习,在实践中砥砺前行。

(撰稿者:林巧丽)

第三章
宽英语：描述世界的多样方式

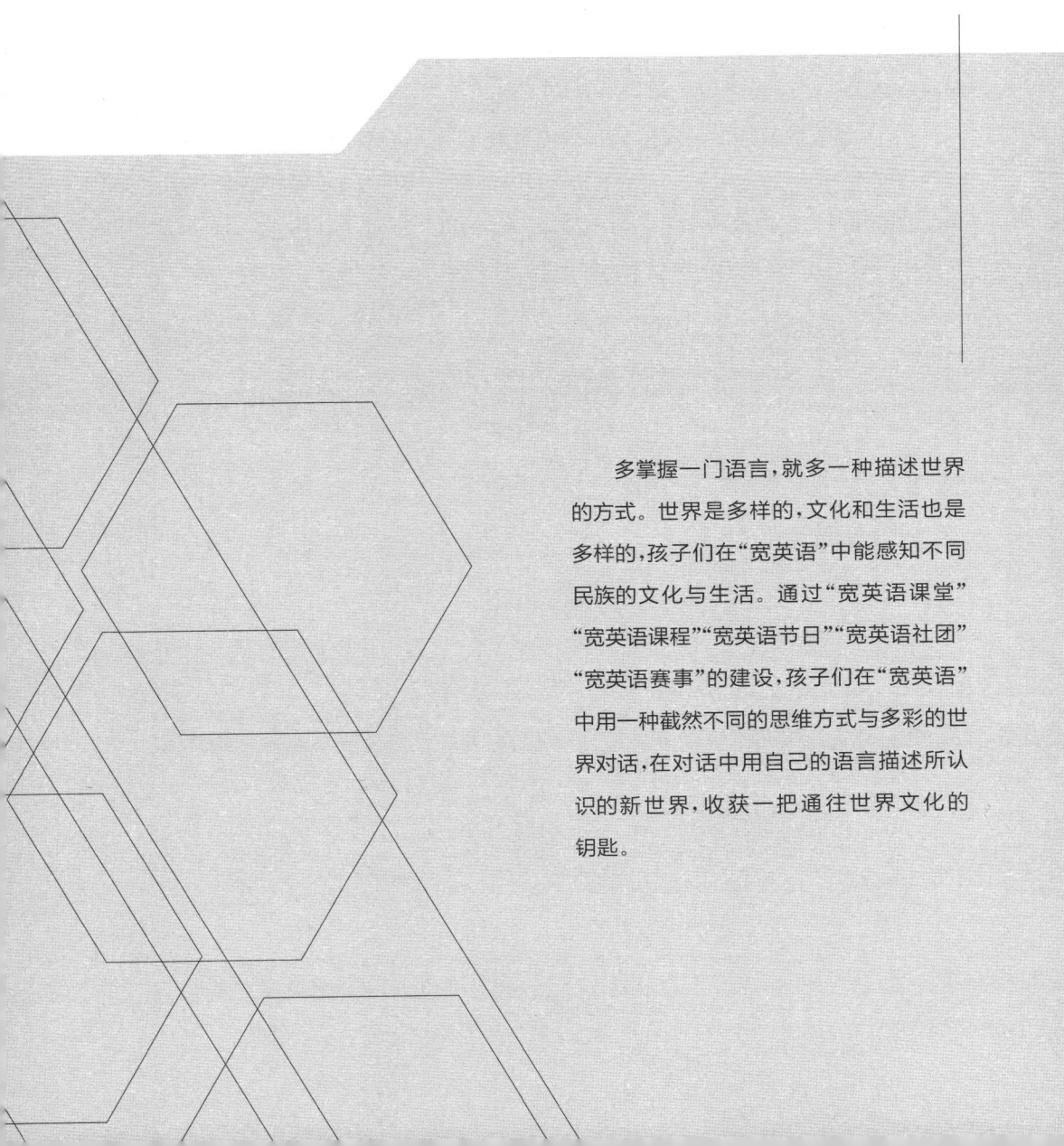

多掌握一门语言，就多一种描述世界的方式。世界是多样的，文化和生活也是多样的，孩子们在"宽英语"中能感知不同民族的文化与生活。通过"宽英语课堂""宽英语课程""宽英语节日""宽英语社团""宽英语赛事"的建设，孩子们在"宽英语"中用一种截然不同的思维方式与多彩的世界对话，在对话中用自己的语言描述所认识的新世界，收获一把通往世界文化的钥匙。

广州市黄埔区夏园小学英语科组,拥有在职在编教师3人,临聘教师1人。从学历结构上看,具备本科及以上学历的教师有4人。从职称结构上看,中级教师2人,初级教师2人。从年龄结构上看,50岁以上的教师1人,占25%;40—50岁2人,占50%;40岁以下的教师1人,占25%;平均年龄43岁。学校中年教师的比例(40岁以上的教师占75%)较大,是一支颇有潜能的经验型教师队伍,是保障学校各项工作顺利开展的核心力量。夏园小学英语教研组,秉持着"拓展孩子视野,培养多项能力"的英语课程理念,充分发挥团队合力,推进学科课程变革。

第一节 以多重视角感知世界的样貌

一、学科价值观

《义务教育英语课程标准(2022年版)》对英语课程性质有如下表述:义务教育英语课程体现工具性和人文性的统一,具有基础性、实践性和综合性特征。[1] 外语是基础教育阶段的必修课程,英语是外语课程中的主要语种之一。英语课程的学习,既是孩子通过英语学习和实践活动,逐步掌握英语知识和技能,提高语言实际运用能力的过程;又是他们磨砺意志、陶冶情操、拓展视野、丰富生活经历、开发思维能力、发展个性和提高人文素养的过程。基础教育阶段英语课程的任务是:激发和培养孩子学习英语的兴趣,使孩子树立自信心,养成良好的学习习惯和形成有效的学习策略,发展自主学习的能力和合作精神;使孩子掌握一定的英语基础知识和听、说、读、写技能,形成一定的语言综合运用能力;培养孩子的观察、记忆、思维、想象能力和创新精神;帮助孩子了解世界文化和中西方文化的差异,拓展视野,培养爱国主义精神,形成健康的人生观,为他们的终身学习和发展打下良好的基础。

首先,英语可以作为工具,帮助孩子了解世界,开阔视野。英语是全世界应用最广泛的语言,且不论这一现状的历史根源,我们需要面对的现实是,世界上很多很重要的前沿信息都是通过英语来传播的。如果说当今时代是信息时代的话,那么英语堪称信息时代的首要载体。而对于我们来说,英语是中文之外的信息的主要来源语言。作为国家未来栋梁的我们的孩子们,从小学开始学习和使用这门工具,会为未来与世界的沟通交流打下良好的基础。

其次,英语有助于发展和完善思维。很多人觉得英语难学。确实,学习这种语法与汉语语法只有40%相同的语言,对于大多数中国人的思维是一种挑战。但孩子们在接受挑战的过程中,收获的是思维能力的发展和增强。

---

[1] 中华人民共和国教育部. 义务教育英语课程标准(2022年版)[S]. 北京:北京师范大学出版社,2022:1.

再次,英语可以提高孩子的社会竞争力。随着社会的发展和改革开放的不断深入,各行各业对于外语人才的需求也在不断加大。一个具备专业技能的人,再加上外语优势,他就能在激烈的社会竞争中胜出,成就美好的未来。

二、学科课程理念

英语课程理念:拓展孩子视野,培养多项能力。"宽英语"首先是在内容上拓宽,在英语学习中激发孩子的兴趣爱好,注意教学的趣味性和多样性,激发不同层次的孩子的学习热情,提高全体孩子的学习积极性,培养孩子用英语交际的能力和合作意识。通过"外教口语""英语童谣"等课程让孩子了解异域文化,促进文化交流。

其次,"宽英语"是在授课方式上灵活和宽泛,个别课程采取外教教学及社团英语活动的形式。形式可多样,上课地点可室内外结合,尽可能多地让每个孩子都能体验英语世界的乐趣,主旨是参与、体验与分享,虽然孩子运用英语可能无法像母语那般自然与恰当,但是要让孩子充分感受到英语语言的魅力,进而了解中西方文化的差异,引导孩子们主动积极地探索两种语言的奇妙异同。

最后,"宽英语"的"宽"要落实在与各科目的融合上面,如与美术融合产生的英语绘画类课程,与科学融合产生的一些百科英语绘本的学习,与语文融合产生的中国经典故事改编等活动,与音乐融合后产生的英语说唱学习和英语歌曲学习等。

总之,"宽英语"从内容、形式和融合三个方面入手,通过各类课程的实施,逐渐激发孩子的英语学习兴趣,引导孩子主动探索、学习英语语言文化及在学习中学会对比汉英两种语言,增强孩子们的语言探索能力、领悟能力及总结加工的能力。

第二节　以多样的表达形容英语世界

《义务教育英语课程标准(2022年版)》中对课程目标有以下表述:核心素养是课程育人价值的集中体现,是学生通过学习逐步形成的适应个人发展和终身发展需要的正确价值观、必备品格和关键能力。英语课程要培养的核心素养包括语言能力、文化意识、思维品质和学习能力等方面。核心素养的四个方面相互渗透,融合互动,协同发展。① 坚持素养导向,体现育人为本。落实党的教育方针,依据义务教育培养目标,凝练课程所要培养的核心素养,体现课程独有的育人价值和共通性育人要求,形成清晰、有序、可评的课程目标。

一、学科课程总体目标

《义务教育英语课程标准(2022年版)》中就课程目标提出,学生应通过本课程的学习,达到如下的目标:发展语言能力、培育文化意识、提升思维品质、提高学习能力。②

(1)发展语言能力。英语语言能力的提高有助于学生提升文化意识、思维品质和学习能力,发展跨文化沟通与交流的能力。

(2)培育文化意识。文化意识的培育有助于学生增强家国情怀和人类命运共同体意识,涵养品格,提升文明素养和社会责任感。

(3)提升思维品质。思维品质的提升有助于学生学会发现问题、分析问题和解决问题,对事物作出正确的价值判断。

(4)提高学习能力。学习能力的发展有助于学生掌握科学的学习方法,养成终身学习的学习习惯。

基础教育阶段英语课程目标的各个级别均以孩子语言技能、语言知识、情感态度、

---

① 中华人民共和国教育部.义务教育英语课程标准(2022年版)[S].北京:北京师范大学出版社,2022:4.
② 中华人民共和国教育部.义务教育英语课程标准(2022年版)[S].北京:北京师范大学出版社,2022:5.

学习策略和文化意识五个方面的综合行为表现为基础进行总体描述。以下是本课程应达到的综合语言运用能力目标(小学阶段须达到第四级)。①

一级：对英语有好奇心，喜欢听他人说英语。能根据教师的简单指令做游戏、做动作、做事情(如涂颜色、连线)。能做简单的角色扮演。能唱简单的英文歌曲，说简单的英语歌谣。能在图片的帮助下听懂和读懂简单的小故事。能交流简单的个人信息，表达简单的情感和感觉。能书写字母和单词。对在英语学习中接触到的外国文化习俗感兴趣。

二级：对英语学习有持续的兴趣。能用简单的英语互致问候，交换有关个人、家庭和朋友的简单信息。能根据所学内容表演小对话或歌谣。能在图片的帮助下听懂、读懂并讲述简单的故事。能根据图片或提示写简单的句子。在学习中乐于参与、积极合作、主动请教。乐于了解异国文化、习俗。

三级：对英语学习表现出积极性和初步的自信心。能听懂有关熟悉话题的语段和简短的故事。能与教师或同学就熟悉的话题(如学校、家庭生活)交换信息。能读懂小故事及其他文体的简单的书面材料。能参照范例或借助图片写出简单的句子。能参与简单的角色扮演等活动。能尝试使用适当的学习方法，克服学习中的困难。能意识到语言交际中存在文化差异。

四级：明确自己的学习需要和目标，对英语学习表现出较强的自信心。能在所设日常交际情景中听懂对话和小故事。能就熟悉的生活话题交流信息和简单的意见。能读懂短篇故事。能写便条和简单的书信。能尝试使用不同的教育资源，从口头和书面材料中提取信息，扩展知识，解决简单的问题并描述结果。能在学习中相互帮助，克服困难。能合理计划和安排学习任务，积极探索适合自己的学习方法。在学习和日常交际中能注意到中外文化的差异。

五级：有较明确的英语学习动机和积极主动的学习态度。能听懂教师有关熟悉话题的陈述并参与讨论。能就日常生活的各种话题与他人交换信息并陈述自己的意见。能读懂供7—9年级学习阅读的简单读物，克服生词障碍，理解大意。能根据阅读目的运用适当的阅读策略。能根据提示起草和修改小作文。能与他人合作，解决问题并报告结果，共同完成学习任务。能对自己的学习进行评价，总结学习方法。能利用多种

---

① 程晓堂.关于《英语课程标准》的几点认识[J].教学月刊(中学版)，2002(11)：29—33.

教育资源进行学习。进一步增强对文化差异的理解与认识。

六级:进一步增强英语学习动机,有较强的自主学习意识。能理解口头或书面材料中表达的观点并发表自己的见解。能有效地使用口头或书面语言描述个人经历。能在教师的帮助下计划、组织和实施各种英语学习活动。能主动扩展和利用学习资源,从多种渠道获取信息。能根据自我评价结果调整学习目标和策略。能体会交际中语言的文化内涵和背景。

七级:有明确和持续的学习动机及自主学习意识。能就较广泛的话题交流信息,提出问题并陈述自己的意见和建议。能读懂供高中学习阅读的英语原著改写本及英语报刊。具有初步的实用写作能力,如通知、邀请函。能主动利用多种教育资源进行学习。具有较强的自我调控能力,初步形成适合自己的学习策略。理解交际中的文化差异,初步形成跨文化交际意识。

八级:有较强的自信心和自主学习能力。能就熟悉的话题用英语与他人进行比较自然的交流。能就口头或书面材料的内容发表评价性见解。能写出连贯且结构完整的短文。能自主策划、组织和实施各种语言实践活动,如商讨和制订计划、报告实验和调查结果。能有效利用网络等多种教育资源获取和处理信息。能自觉评价学习效果,形成有效的英语学习策略。了解交际中的文化内涵和背景,对异国文化采取尊重和包容的态度。

九级:有自主学习能力。能听懂有关熟悉话题的演讲、讨论、辩论和报告的主要内容。能就国内普遍关心的问题如环保、人口、和平与发展等用英语进行交谈,表明自己的态度和观点。能在日常生活中进行口头翻译。能利用各种机会用英语进行真实性交际。能借助词典阅读题材较为广泛的科普文章和文学作品。能用常见应用文体完成一般的写作任务,并具有初步使用文献的能力。能自主开拓学习渠道,丰富学习资源。具有较强的世界意识。

二、学科课程年级目标

我们根据课程标准的要求,结合我校英语学科课程总目标和1—6年级的学情,设置英语课程年级目标,这里以一年级为例(见表3-2-1)。

表 3-2-1 "宽英语"学科课程一年级目标表

		上学期	下学期
一年级	第一单元	共同目标 1. 能用英语和别人打招呼。 2. 能询问别人的名字,并能介绍自己。 3. 认识并记住五个动物的名字及它们的特征。 校本目标 对英语产生兴趣,能用英语简单地介绍自己。	共同目标 1. 掌握常用的表示家庭成员的单词。 2. 懂得询问别人是谁及回答。 校本目标 对英语产生兴趣,能用英语表达家庭成员的英语称呼。
	第二单元	共同目标 1. 能用英语从 1 数到 10,并能根据老师的指示指向正确的数字。 2. 能用英语的 1—10 回答"How many"的提问。 3. 能唱数字歌。 4. 能在动作的提示下读小诗。 5. 能理解小故事。 校本目标 对英语产生兴趣,能用英语数 1 到 10。	共同目标 1. 掌握 11 个新的单词和短语(sleep, eat, cook, play, wash, watch TV, house, living-room, bedroom, kitchen, washroom)。 2. 懂得询问及回答谁在哪里。(Where's ...? In the ...) 校本目标 对英语产生兴趣,能用英语简单地介绍自己的家。
	第三单元	共同目标 1. 听到各种文具的英文后,能理解并正确地辨认和指向。 2. 在老师的指示下,能拿或出示正确的文具。 3. 能用"I have ..."表达自己有什么。 校本目标 对英语产生兴趣,能用英语表达自己拥有的玩具或文具。	共同目标 1. 方位介词比较容易混淆,教师可以多进行一些"Listen and do"的活动(T-P P-P),让孩子通过动作加深印象,帮助孩子认清单词。 2. 关于家具的单词也较多,可通过"snap cards""memory game""Chinese whisper"等游戏帮孩子记忆。 校本目标 培养孩子学习英语的兴趣,使其能用英语简单地表达方位。
	第四单元	共同目标 1. 能根据老师的指示,正确辨认并用英语说出八种颜色。 2. 会用"I like ..."表达自己喜欢什么	共同目标 1. U4 是 U2、U3 的延续,无论在新授知识环节还是在巩固环节中,都应把知识联系起来,让知识不断滚动,以便孩子

续 表

	上学期	下学期
	颜色。 3. 能唱彩虹歌。 4. 能背小诗。 校本目标 对英语产生兴趣,能用英语进行颜色的表达。	形成良好的学习策略。如:P31。 2. P28 的"Chant"可为 U6 中的"I like noodles./I want ice-cream."作铺垫。 3. "closet,toilet,fridge"的学习。可加强示范或增加如"card game"等趣味性强的游戏。 校本目标 培养孩子学习英语的兴趣,使其能用英语进行简单的表达。
第五单元	共同目标 1. 能理解并记住动物的英文名称。 2. 会用"I can..."表达自己能干什么。 3. 能正确地把动物的英语名称和相应的图连线。 4. 能背小诗,唱有关动物的英语歌曲。 校本目标 对英语产生兴趣,能用英语进行简单的表达。	共同目标 句型: Is it a rabbit? Yes,it is./No,it isn't. * I want a duck/cat/turtle... 重点: 1. 懂得某些宠物的特点(动作、声音、颜色等)。 2. 懂得询问及辨别所学的宠物(动物)。 校本目标 对英语产生兴趣,能用英语进行简单的表达。
第六单元	共同目标 1. 能理解并记住玩具的英文名称。 2. 会用"Do you have a...?"询问别人有什么东西,并用"Yes,I do./No,I don't."回答。 3. 能背小诗,唱英语歌曲《DO YOU HAVE...?》。 校本目标 对英语产生兴趣,能用英语进行关于"Do you have a..."的问答。	共同目标 句型: What do you want? I want ice-cream. * I like noodles/tea... 重点: 1. 掌握13个关于食物的单词。 2. 会运用"What do you want?"询问别人的意愿。 3. 会用"I want (like)"表达自己想要(喜欢)的食物。 校本目标 对英语产生兴趣,能用英语进行关于"What do you want?"的问答。

第三节　以融合的内容感受英语生活

为了实现"宽英语"课程目标,我校"宽英语"设置了多层次的课程结构。

一、学科课程结构

根据《义务教育英语课程标准(2022年版)》中关于课程结构的表述,语言技能分理解性技能和表达性技能,具体包括听、说、读、看、写等方面的技能及其综合运用。听、读、看是理解性技能,说、写是表达性技能。语言技能中的"看"通常指利用多模态语篇中的图形、表格、动画、符号,以及视频等理解意义的技能。理解多模态语篇,除了需要使用传统的阅读技能之外,还需要观察图表中的信息,理解符号和动画的意义。理解性技能和表达性技能在语言学习过程中相辅相成、相互促进。[①]

"宽英语"课程包括:"宽广听、宽能言、宽泛读、宽巧写、宽综合"。具体表述如下(见图3-3-1)。

1. 宽广听:"广听"类课程是以各种形式大量地输入语言,让孩子充分地浸入到英语的氛围中,从基本的音素到成篇听力文本,从教师课堂语言到各种听力资源,让孩子广泛地听,打开广阔的听觉世界。

2. 宽能言:"能言"类课程是发挥孩子的主动性,积极创设真实的情景,使师生、生生充分交流。让孩子在交际中掌握倾听、表达、转述、交谈的方法,能够选择恰当的方式与他人打交道。

3. 宽泛读:"泛读"类课程提供丰富的文本使孩子理解、领悟文字带给心灵的触动,在阅读大量文本的同时掌握多种阅读的方法和技巧,为孩子的终身发展助力。

4. 宽巧写:它是以书面表达为主的英语学习。我们以丰富多彩的习作学习方式开启孩子的英语写话创作之旅。

[①] 中华人民共和国教育部.义务教育英语课程标准(2022年版)[S].北京:北京师范大学出版社,2022:25.

图 3-3-1 "宽英语"课程框架图

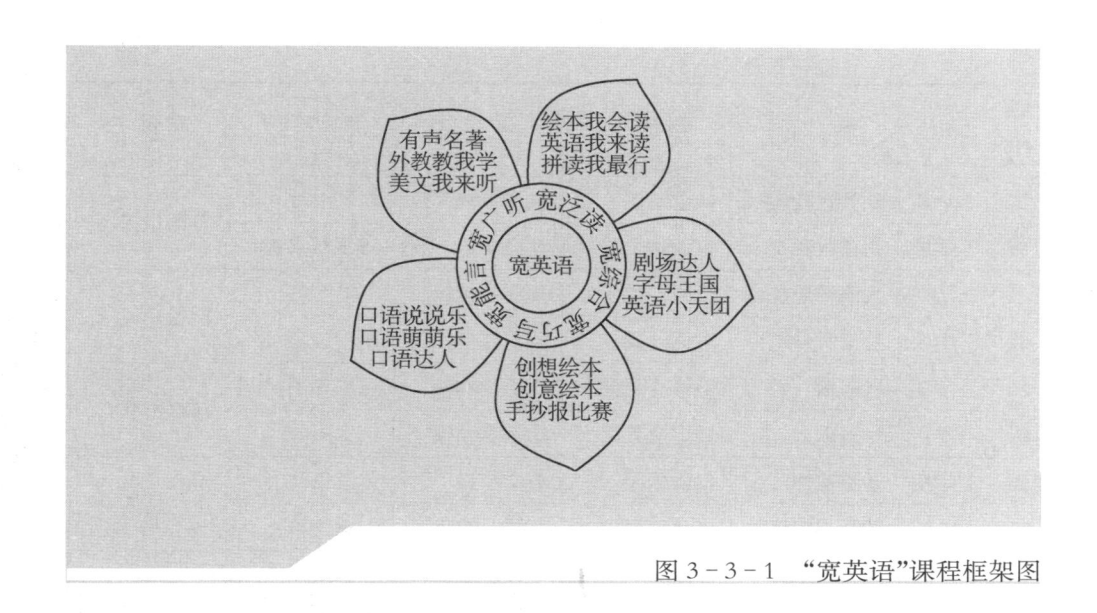

5. 宽综合：它是依托英语的各类实践活动。通过"善综合"使孩子能够将英语书面知识和交际能力融会贯通，学以致用，摆脱语言环境的制约。

二、学科课程设置

关于课程设置，我们应该遵循课时安排的高频率原则，保证教学质量和效果。"宽英语"课程的设置分五个方面：宽广听、宽能言、宽泛读、宽巧写、宽综合（见表3-3-1）。

表 3-3-1 "宽英语"课程设置表

年级	学期	宽广听	宽能言	宽泛读	宽巧写	宽综合
一年级	上学期	字母歌	口语萌萌乐	趣味 ABC	字母书写	字母王国
	下学期	数字歌	趣味 ABC	趣味数字	趣味字母	

续 表

年级	学期	宽广听	宽能言	宽泛读	宽巧写	宽综合
二年级	上学期	外教教我学	口语对话	神奇单词	单词卡片	英语小天团
	下学期	外教教我学	口语达人	趣读单词	巧手写书法	
三年级	上学期	我来听单词	口语说说乐	拼读我最行	英语字帖	剧场达人
	下学期	我来听句子	对话外教	读韵律诗	小书法家	
四年级	上学期	衣服歌	英语流利说	认识绘本	思维导图	趣味配音
	下学期	月份歌	马上说英语	绘本我会读	绘本乐园	
五年级	上学期	学听歌曲	口语乐园	英文小报	英语作文	小主持人
	下学期	趣听小故事	生活口语	英语小故事	创意绘本	
六年级	上学期	美文我来听	口语交际	美文我来赏	手抄报比赛	手抄报比赛
	下学期	有声名著	英语角	名著我来赏	创想绘本	

第四节　富有多样性的英语描述方式

根据《义务教育英语课程标准(2022年版)》中关于课程实施的规定,教学设计与实施要以主题为引领,以语篇为依托,通过学习理解、运用实践和迁移创新等活动,引导学生整合性地学习语言知识和文化知识,进而运用所学知识、技能和策略,围绕主题表达个人观点和态度,解决真实问题,达到在教学中培养学生核心素养的目的。[①] 教师应依据课程的总体目标并结合教学内容,创造性地设计贴近孩子实际的教学活动,吸引和组织他们积极参与。孩子通过思考、调查、讨论、交流和合作等方式,学习和使用英语,完成学习任务。

一、落实"宽英语课堂",构建英语语言基础

"宽英语课堂"是宽英语课程在校内课堂的直观呈现,主要从以下几个方面来落实。

(一)"宽英语课堂"的实践与操作

我校英语教师,在课程改革实验中,积极探索,大胆实践,遵循以上外语教学基本理念,在小学英语课堂教学中构建了多种以孩子为主体,有利于孩子主动学习的课堂教学模式。

"宽英语课堂"是充满智慧、活力与趣味的课堂,拥有着清晰和务实的课堂目标,体现出轻松愉快的学习过程,其中充满着欢乐、奇思妙想与合作友爱的氛围,并且呈现了灵活和巧妙的教学方法。

(二)"宽英语课堂"的评价标准

"宽英语课堂"是以孩子已有的英语认知水平为基础,遵循语言发展的客观规律,让孩子全方位地感受英语的语言魅力,全身心地投入实践学习。"宽英语课堂"评价细则如下(见表3-4-1)。

[①] 中华人民共和国教育部.义务教育英语课程标准(2022年版)[S].北京:北京师范大学出版社,2022:49.

表 3－4－1　"宽英语课堂"评价细目表

项目	评 价 指 标	分值	得分
教学内容	教学目标明确、恰当,并能根据教学实际进行适当的调整。	10	
	对教材的解读正确、有深度,能找到教材中合理的能力点、空白点、延伸点,努力体现言语意识,积累意识。	10	
	充分利用教材,恰当取舍,体现较高的驾驭能力。	10	
	适时、适度、适量引入课外学习资源,与教材构成有机整体,有利于开拓孩子的眼界,提高其语文学习水平。	10	
教学策略	由浅入深,层层深入;环节清晰,课堂容量适当、含量丰富,时间分配合理。	10	
	有效运用直观教具、多媒体等手段,与生活相联系。	5	
	运用多种教学组织形式,采用多种教学方法,调动孩子学习的积极性;创设有利于孩子自主学习、自主探究的教学情境。	10	
	关注每一个孩子的学习状态,关注语言积累、习惯培养、知识积淀、能力养成。	5	
教学效果	整体教学效果明显,不机械模仿他人,在某点或项中有创新,有个人教学特色。	10	
	孩子主动学习意识强,积极参与课堂活动,参与面广。孩子善于发表自己的意见,互相合作,气氛活跃。	5	
	目标达成度高,体现孩子阅读、理解、表达能力不断增强的过程。	5	
教师表现	教师情绪饱满,语言、板书规范,示范性强;课堂调控张弛有度,教态亲切自信。	10	
总得分	等级:	100	

说明：A(100—90 分)　　B(89—70 分)　　C(69—60 分)　　D(60 分以下)

二、打造"宽英语课程",优化英语学科课程体系

"宽英语课程"旨在通过学科课程矩阵来确保课程与学科育人目标相互呼应,分析

课程对育人目标的达成支持度,优化课程体系,通过聚焦目标、构建链条、组合搭配、整合优化四个步骤,构建学科课程群。

(一)"宽英语课程"的实践与操作

宽,是一个人的综合素养与开阔的视野的集中体现,也是英语教学的主要形式。创建"宽英语课程",紧扣英语学科核心素养,并不断内化和延伸核心素养。"宽英语课程"以培养孩子拥有广阔视野和广泛的兴趣爱好、提升孩子的英语能力为主旨,使各项课程紧密衔接,实现多维度融合。

"宽英语课程"要聚焦素养。聚焦英语核心素养的课堂实践,应从孩子实际出发优化问题情境,从而让孩子在真实的教学情境中历经丰富的语言实践,获得思维能力和思维品质。以孩子为出发点,立足课堂,结合英语教学实践,将英语核心素养的培养和提升贯穿于英语教学活动中,提高自己的教学能力,也培养孩子的学习能力和综合素养。

"宽英语课程"要联系生活。要创设生活化的教学情境。传统的英语教学,课堂气氛严肃而沉闷,忽视了温馨的乐学环境、宽松的人际环境对孩子良好的心理品质、认知等方面的培养。而创设一种孩子熟悉的轻松、愉悦的生活情境,才能让孩子无拘无束地交流思想、表达感情,激发他们的学习兴趣,培养孩子健全的心智和完善的人格。其次,要利用多媒体,创设生活情境。多媒体教学寓教育教学于一定的形象思维和创设的情景当中,能够综合利用视、听觉,使孩子感受到语言和音像的不断冲击,有意注意、无意注意和有意后注意交替进行。使孩子身临其境,高度参与,提高他们的学习兴趣,激发他们的创造热情,实现学与教的互动。

"宽英语课程"必须活用资源。教师只要用心发现,就能在生活中找到切合教学的英语资源。生活中的这些资源除了切合主题外,往往更符合孩子的兴趣,才能引起孩子的学习兴趣。开展主题英语活动,就能找到"焦点",还可以激发孩子的兴趣、启迪孩子的智慧,进而培养孩子养成自学英语的习惯。

"宽英语课程"要注重应用。现代著名教育家陶行知就非常重视孩子与生活的关系,他说"生活即教学","社会即学校"。在新课标理念的指导下,要在教学实践中有意识地让孩子接触丰富的英语学习资源,重视各种英语学习的实践机会,引导孩子做生活中的有心人,学会观察生活、记录生活、思考生活,尝试在生活中学英语,在生活中用英语,进而改变生活、创造生活。

(二)"宽英语课程"的评价要求

结合"宽英语课程"的实践和操作可以得出,优秀课程要具备目标意识、统整引领,活动体验、高效实施,自主发展、体现魅力等特点。

第一,"宽英语课程"哲学内涵丰富,目标指向清晰。"宽英语课程"的实施,是素质教育的一个重要体现。孩子在"宽英语课程"中整合英语知识、了解中英文语言体系,有利于促进个性发展、能力增强。

第二,"宽英语课程"课程内容丰富而广泛。"宽英语课程"的开发重视孩子的英语语言输出体验,在实施中更加重视孩子的情感态度体验。

第三,"宽英语课程"提倡自主发展,课程实施科学高效。我校"宽英语课程"评价细则如下(见表3-4-2)。

表3-4-2 "宽英语课程"评价细目表

项目	评价内容	分值	评分
课程理念	1. 是与国家课程、地方课程紧密联系的,是对这两者的补充,是彰显学校特色的。 2. 促进孩子的个性发展,提高孩子各方面的素质。	20	
目标定位	1. 目标明确清晰。 2. 知识、能力和情感目标齐全。 3. 考虑到孩子分层的因素,贯彻因材施教的原则。	20	
课程内容	1. 教材框架清晰,有序列性。 2. 教材内容科学,启发性强,突出实践能力的培养。	20	
课程评价	评价可操作性强,方法科学,具有激励性和制约性。	20	
实施成果	1. 能激发并维持孩子对该课程的兴趣,孩子评价良好。 2. 能及时收集、整理孩子学习的过程性资料。 3. 指导的孩子能举行一定范围的展示活动。	20	
总得分	等级:	100	
说明:A(100—90分) B(89—70分) C(69—60分) D(60分以下)			

三、举办"宽英语节日",丰富英语文化的精神内涵

优秀的传统、国际、特色节日是丰富的英语课程资源。我校举办"宽英语节日",引导孩子了解西方文化生活,拓宽"宽英语课程"的外延,丰富"宽英语课程"的内涵。

(一)"宽英语节日"的实践与操作

"宽英语节日"是传递知识的节日。通过让孩子了解节日来历,体验异域风俗,挖掘节日的文化内涵,增强孩子对英语语言文化的学习兴趣。

"宽英语节日"是充满挑战的节日。它为孩子营造了学习西方文化的氛围,并使得孩子对比东西方文化的异同,自主地在思想内融合。这氛围是一种具有超级魅力的文化气场,滋养着孩子的内心,促进孩子思维的成长。

我们每年举办"宽英语节日",积极营造浓厚的英语学习氛围,以不同的主题掀起孩子对"宽英语"的热情。我校"宽英语节日"课程安排如下(见表3-4-3)。

表3-4-3 "宽英语节日"课程安排表

时间	通用课程			特色课程		
	年级	节日	课程	实施	年级	课程	实施
10月	一—六年级	国庆节	祖国妈妈我爱你	诵读英文爱国美文。	一年级上	国庆节(National Day)	手抄报:了解和学习世界各国国庆的日期。
11月		消防日	最勇敢的人	学习消防知识相关的词汇。	一年级下	了解消防知识	举办感恩主题活动,制作感恩卡片。
12月		冬至	寒天之始	学习冬至主题的英语写话。	二年级上	了解西方圣诞节文化	文艺汇演。
1月		元旦	一年之始	元旦主题写话。	二年级下	元旦(New Year's Day)	了解西方各国跨年习俗。
2月		春节、元宵节	古老的节日	猜英语灯谜;自编灯谜。扩充有关春节的句型和词汇。	三年级上	春节(Spring Festival)	学习用英文拜年的相关句式和词汇。

续 表

时间	通用课程				特色课程		
	年级	节日	课程	实施	年级	课程	实施
3月	一—六年级	妇女节	美的节日	为身边的女性家人做一件事。	三年级下	植树节（Tree Planting Day）	保护环境为主题的英语演讲比赛。
4月		清明节	寄托哀思	学习已故名人的生平事迹。	四年级上	清明节	"了解已故名人"活动。
5月		劳动节	最光荣的人	职业体验与各职业相关词汇补充。	四年级下	劳动节（Labour Day/May Day）母亲节（Mother's Day）	职业体验与各职业相关词汇补充。母亲节贺卡制作。
6月		儿童节	快乐的童年	快乐的童年主题活动。	五年级上	儿童节（Children's Day）父亲节（Father's Day）	快乐的童年主题活动。
7月		建党节	红领巾向太阳	阅读革命故事。	五年级下	建党节（The Party's Birthday）——CPC	
8月		建军节	战争与和平	观看英文战争短片。	六年级上	建军节（Army Day）——PLA	观看战争短片。
9月		教师节	老师您好	争当小老师。	六年级下	争当小老师主题活动日	争当小老师。

（二）"宽英语节日"的评价要求

课程评价是保证节日课程活动正常进行的必要手段，需加强孩子的综合能力，充分发挥评价的激励和导向功能，努力形成一套符合孩子实际的、操作性强的、科学和合理的节日课程活动评价体系。我校"宽英语节日"评价细则如下（见表3-4-4）。

表 3-4-4 "宽英语节日"评价细目表

评价项目	项目评价要点	分值	得分
目标	符合情感态度、实践能力、综合知识、学习策略的培养目标。	20	
内容	1. 贴近孩子的生活实践、社会实践、劳动技术实践。 2. 内容符合孩子身心发展的规律,促进个性发展。 3. 丰富孩子的体验,有助于孩子培养兴趣爱好。	20	
形式	1. 组织形式多样。 2. 孩子喜闻乐见。	10	
过程	1. 孩子亲自实践,动手,动脑,动口。 2. 活动拓展延伸。 3. 各实践环节有机结合。	30	
效果	1. 自主思考、设计、操作和解决问题,有真实体验,陶冶情操、愉悦身心。 2. 孩子主动活动面大、活动量大,获得实践锻炼。 3. 以"活动促发展",孩子的能力得到增强。	20	
总得分	等级:	100	

说明:A(100—90 分)　B(89—70 分)　C(69—60 分)　D(60 分以下)

四、设计"宽英语赛事",加持英语学习氛围

"宽英语赛事"是孩子展示自我的平台,生动地诠释着"大敬立身,小作成人"的理念。赛事营造了活泼积极的校园氛围,是"宽英语"课程的有效延伸。

(一)"宽英语赛事"的活动类型

"宽英语赛事"是我校校园文化生活的重要组成部分,开展各项赛事可以活跃学校的学习氛围,丰富孩子的课余生活,培养孩子的生活兴趣及竞争意识,提高孩子们自主管理的能力及创造力。活动类型如下(见表3-4-5)。

表3-4-5 "宽英语赛事"细目表

赛事名称	赛事要求	赛事形式
英语书写比赛	1. 低年级以字母书写为主,中年级以句子书写为主,高年级以篇章书写为主。 2. 书写规范,字体美观,卷面整洁。	1. 以班级为单位各派出2名选手出赛,比赛按"低、中、高"年级组进行评比。 2. 每组评选出一等奖1名、二等奖2名、三等奖3名。
手抄报比赛	1. 内容为英语的好词好句和美文。 2. 书写规范,字体美观,卷面整洁。	1. 以班级为单位按"低、中、高"年级组进行比赛。 2. 每组评选出一等奖1名、二等奖1名、三等奖2名。
单词比赛		1. 展板按"低、中、高"年级组进行评比。 2. 优秀作品进行展示、分享。
故事达人		1. 以班级为单位。 2. 评出一等奖1名、二等奖1名、三等奖2名。
绘本续写比赛	书写规范,字体美观,卷面整洁。	1. 以班级为单位。 2. 评出一等奖1名、二等奖1名、三等奖2名。
英语沙龙		1. 评出一等奖1名、二等奖1名、三等奖2名。 2. 在校园内分享获奖荣誉。

(二)"宽英语赛事"的评价要求

在"宽英语赛事"系列活动中,我们注重对赛事的组织、过程、感受等方面的评价,凸显立体性评价(见表3-4-6)。

表3-4-6 "宽英语赛事"评价表

赛项名称		承办科组				
参赛年级		参赛人数				
评价项目	评价内容	评价结果				项目评价结果
		优	良	中	差	
赛事组织	竞赛规程全面、科学、完整。					
	赛题科学、合理、规范。					
	比赛过程的设计科学合理。					
	评分标准。					
	评分方式。					
	颁奖方式。					
	媒体宣传。					
	监督部门。					
	情况反馈。					
评语及建议： 1. 2.						

注：在您认为符合的空格中打√，项目评价结果一栏整体给出该评价项目的优、良、中、差。

五、繁荣"宽英语社团"，为孩子提供英语交际机会与交际场所

"宽英语社团"是英语语言实践活动的重要组成部分，是孩子用英语交流的空间、展示自我的平台。

（一）"宽英语社团"的实践与操作

我们不仅有基础类和多样的必修类课程，也提供了丰富的选修类课程，充分尊重孩子的选择权。"宽英语社团"包括以下课程：英语口语、英语绘本、英语小天团、创想绘本、口语说说乐、拼读我最行、字母王国、趣味 ABC 等。我校的"宽英语社团"课程安排如下（见表3-4-7）。

表 3-4-7 "宽英语社团"课程安排表

参加人员	课程名称
一至六年级孩子	拼读我最行
一至六年级孩子	口语说说乐
三至六年级孩子	绘本乐园
一至六年级孩子	英语小天团
一至六年级孩子	名著我来赏
一至二年级孩子	字母王国、趣味 ABC
五至六年级孩子	创想绘本

(二)"宽英语社团"评价要求

"宽英语社团"以其更大的活动空间,更丰富的活动内容,更灵活的活动方式,深受孩子的喜爱,发挥了重要作用。"宽英语社团"的评价目的和方法等方面应具有全面性、系统性,应按照动态生成、真实情境、多元评价、尊重差异、注重过程、关联结果的基本取向开展评价工作。"宽英语社团"评价要求如下表(见表 3-4-8)。

表 3-4-8 "宽英语社团"评价表

评价项目	评 价 标 准	分值	得分
组织建设	有申请、学校有批复、学校有备案。	10	
管理体制	1. 社团组织例会,定期进行安排、总结。	5	
	2. 社团要固定 1—2 名辅导教师,热心于社团辅导工作。	5	
	3. 社团要有规范的规章制度和目的宗旨。	5	
	4. 社团每学期初要制订出操作性强的学期活动计划,学期末要有活动总结。	10	

续 表

评价项目	评价标准	分值	得分
活动开展	1. 依据方案开展活动,有详细的活动内容、记录、图片、签到表等。	10	
	2. 有固定的辅导教师、社团学员,能够按照计划定期开展活动。	10	
	3. 整个活动的开展,辅导教师要精心准备,因材施教(通过活动视频、调查等方式了解)。	5	
	4. 社团活动具有创新性,课程的开发、实施能满足孩子的兴趣发展需求,重视发展孩子的个性特长,能开发出适合孩子特点和利于孩子发展的校本课程,重视培养孩子的实战能力,深受孩子喜爱。	5	
	5. 每学期末要组织一次围绕社团活动开展的展示活动。	15	
	6. 积极承担班级各类比赛、演出任务等。	20	
总得分	等级:	100	

说明:A(100—90分)　B(89—70分)　C(69—60分)　D(60分以下)

总之,"宽英语"课程的开发实施"路漫漫其修远兮",我们的"宽英语"课程也将"上下而求索"。

(撰稿者:陈菲菲　周春娇　凌康娣)

第四章
趣味科学：走进充满奥妙的科学世界

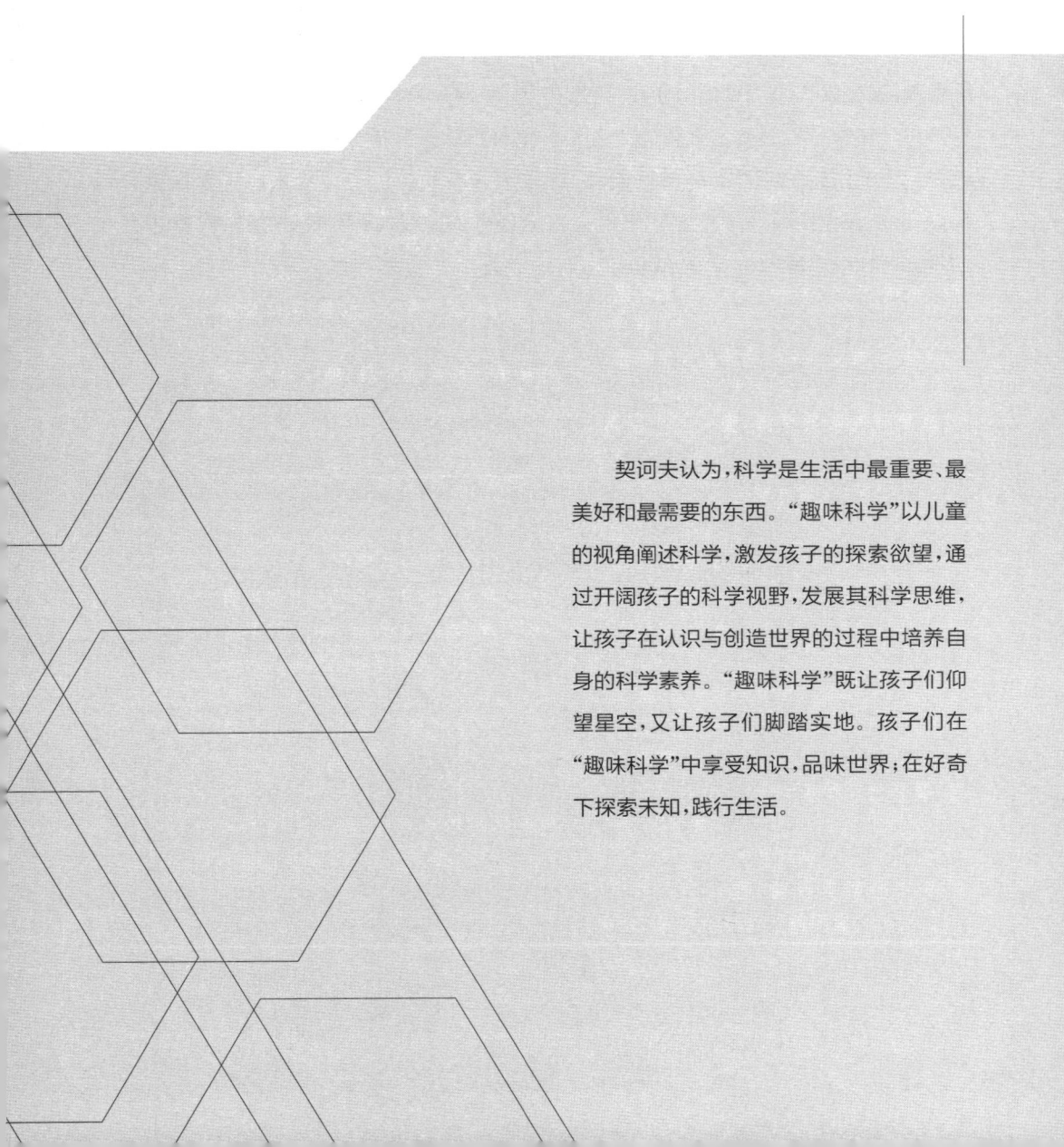

契诃夫认为，科学是生活中最重要、最美好和最需要的东西。"趣味科学"以儿童的视角阐述科学，激发孩子的探索欲望，通过开阔孩子的科学视野，发展其科学思维，让孩子在认识与创造世界的过程中培养自身的科学素养。"趣味科学"既让孩子们仰望星空，又让孩子们脚踏实地。孩子们在"趣味科学"中享受知识，品味世界；在好奇下探索未知，践行生活。

广州市黄埔区夏园小学科学科组，拥有2位优秀的科学教师，承担从一年级到六年级共12个班级的科学教学工作。2位科学教师都为在编教师，他们具有较强的学科素养，充分发挥团队合力的作用，丰富的科学学科资源和深厚的科学文化底蕴促使夏园小学科学学科萌发出无限的活力。科学科组认真开展教研活动，积极参加市、区教育主管部门组织的各类教科研活动，在教学方面取得了一定成果。现依据教育部《关于全面深化课程改革落实立德树人根本任务的意见》等政策文件精神，推进我校"趣味科学"学科课程群建设，取得了可喜的成效。

第一节　带着童趣漫步科学世界

一、学科价值观

《义务教育科学课程标准(2022年版)》对科学课程性质有如下表述：义务教育科学课程是一门体现科学本质的综合性基础课程,具有实践性。科学课程有助于学生保持对自然现象的好奇心,从亲近自然走向亲近科学,初步从整体上认识自然世界,理解科学、技术、社会与环境的关系,发展基本的科学能力,形成基本的科学态度和社会责任感,逐步树立正确的世界观、人生观和价值观,为今后学习、生活以及终身发展奠定良好的基础;有助于提高全民科学素质,促进经济社会发展和科技强国建设。[①]

孩子通过科学课程的学习,了解物质科学、生命科学、地球与宇宙科学、技术与工程等领域的一些常见基础知识,并以初步形成基本的科学观念为基础,以科学思维能力、科学探究和实践能力、科学态度与社会责任感的培养为重点,促进学习能力、创新能力的发展。[②] 科学课程是以科技小制作为主体,结合课本所学并适当拓展,用以揭示生活中常见魔术背后的科学知识,其材料来源于生活,又为生活服务。孩子们可以在课堂外就地取材进行研究,让孩子明确科学与生活密不可分,是激发孩子学习科学、爱科学,让思维发生碰撞的一门扩展性课程。

二、学科课程理念

科学是作家的创造,哲学家的雄辩,冒险家的技艺。科学课程具有多彩的实践性和综合性,科学是一种革命的力量,是推动历史发展的动力,是发现真理的亮光。这一切都离不开对生活的观察与分析,离不开对生活的热爱。

---

① 中华人民共和国教育部.义务教育科学课程标准(2022年版)[S].北京:北京师范大学出版社,2022:1.
② 中华人民共和国教育部.义务教育科学课程标准(2022年版)[S].北京:北京师范大学出版社,2022:2.

于是我们依靠生活，寻求科学的精髓，在开发和实施过程中，注重对身边的科学知识的学习，从生活中学习科学，在科学中感受生活。结合学校历史、文化、科学学科实际情况，我们提出了"趣味科学"之理念。

"趣味科学"是有趣的科学。科学让孩子们在学习的过程中不断突破思维的界限，不断获得积极的情感体验。"趣味科学"利用小孩子特有的强烈的好奇心和探索欲，以有趣的游戏和实验引导孩子融入科学中，达到一个双向互动的结果。

"趣味科学"是生活的科学。生活中种种有趣的现象，无不体现着科学的智慧，科学依托生活，发现生活，在科学学习中了解生活。

"趣味科学"是尝试的科学。科学的学习是不断尝试的过程，学习不应该只出现在脑中，也该出现在手中。充分发挥孩子的主体地位，让孩子在不断的尝试中发现事物的事实，得知其中的奥秘。

"趣味科学"是实验的科学。让孩子在动手实践的过程中体验成功，使其对科学产生兴趣，对世界充满好奇，从实验中感受科学的魅力，倡导实验和探究、自主与创新。

基于此，我们将"趣味科学"的课程理念确定为：走进充满奥妙的科学世界。兴趣能激发孩子学习的最大潜能，在强烈的兴趣驱动下，脑细胞将异常活跃，思维也将异常敏捷。[①] 因此，小学科学课程想方设法调动孩子学习科学的兴趣与欲望，始终坚持运用"趣味"的方法，来达到提高孩子知识水平和综合能力水平的目的！

[①] 刘海兵，刘小燕.小学科学教学中的"趣味教学"[J].小学科学(教师版)，2018(12):52.

第二节　以儿童的姿态拥抱科学

《义务教育科学课程标准(2022年版)》指出,科学课程要培养的学生核心素养,主要是指学生在学习科学课程的过程中,逐步形成的适应个人终身发展和社会发展所需要的正确价值观、必备品格和关键能力,是科学课程育人价值的集中体现,包括科学观念、科学思维、探究实践、态度责任等方面。[①]

一、学科课程总体目标

根据《义务教育科学课程标准(2022年版)》的要求,学校科学学科课程的总体目标是:培养孩子掌握基本的科学知识,形成初步的科学观念;掌握基本的思维方法,具有初步的科学思维能力;掌握基本的科学方法,具有初步的探究实践能力;树立基本的科学态度,具有正确的价值观和社会责任感。[②]

根据学科的课程总目标,结合不同年级孩子的身心特点,让孩子发展思维,提高实践、创新能力。我校"趣味科学"目标设置如下:

"趣味科学"课程的学习,促使孩子保持和发展对科技制作的探究热情,将理论运用于实践,运用于生活产品。

"趣味科学"能增强孩子在实际人类社会生活中善于发现问题的能力,综合运用理论知识的能力,探究及创新的能力。同时培养孩子"在学中做"的能力,并使其形成实事求是的科学态度。

二、学科课程年级目标

我们根据课程标准的要求,结合我校科学学科课程总目标和1—6年级的学情,设

[①] 中华人民共和国教育部. 义务教育科学课程标准(2022年版)[S]. 北京:北京师范大学出版社,2022:4.
[②] 中华人民共和国教育部. 义务教育科学课程标准(2022年版)[S]. 北京:北京师范大学出版社,2022:6—7.

置科学课程年级目标,这里以一年级为例(见表4-2-1)。

表4-2-1 一年级单元目标表

单元	上学期	下学期
第一单元	共同目标 1. 知道地球上生活着多种多样的植物,很多植物都有根、茎、叶。 2. 知道植物是有生命的,是生物。 3. 知道植物具有一定的形态结构,需要水分、阳光,每个植物个体都生活在一定的环境中,能用多种感官观察植物。 4. 能用语言、图画描述和记录观察内容。感受植物的多样性,对植物产生研究兴趣。 5. 了解植物在生活、生产中的运用,体会植物与人类的密切关系。 校本目标 1. 观察校园内的植物,并做好记录。 2. 在班级里种植一种植物,使其存活一段时间。 3. 记录植物生长过程。	共同目标 1. 知道物体的颜色、形状、轻重、薄厚、表面粗糙程度等特征可以被我们观察和描述。 2. 在教师的指导下,能够对信息进行整理分类。 3. 认同以图表形式组织和交流信息的重要性。 4. 认识到水和空气是重要的资源,需要珍惜和保护。 校本目标 1. 观察学校的小水池中的水,并做好记录。 2. 记录水及其他物体的颜色、形状、表面粗糙程度等。 3. 小组合作,整理资料。
第二单元	共同目标 1. 知道尺子是世界通用的测量长度的工具,是统一测量标准的产物。 2. 能以讨论、画画、书写等形式进行描述和交流。 3. 通过了解各种各样的观察工具,知道先进的工具提高了人类的观察能力和解决问题的能力。 校本目标 1. 用尺子测量课室长度。 2. 能以讨论、画画、书写等形式描述课室桌椅、窗户等。	共同目标 1. 知道我们周围有多种多样的动物,不同的动物有不同的特征。在教师指导下,能利用多种感官观察动物外部形态特征,能根据动物的反应做出预测。 2. 能在好奇心的驱使下,对常见动物的特征表现出探究兴趣。 3. 增强对于小动物的喜爱的情感、保护小动物的意识,乐于观察周围的动物。 校本目标 1. 观察校园小水池里的金鱼,了解金鱼的运动、呼吸、生长及生存环境。 2. 用语言、图画描述和记录金鱼的生长过程。

第三节　以斑斓的内容丰富科学课程

科学的发明与发现,总让我们在生活的点滴中有所发现,有所顿悟。让孩子在物质、生命、地球与宇宙、技术与工程中探究科学,培养孩子的探究能力。

一、学科课程结构

依据《义务教育科学课程标准(2022年版)》,小学科学课程内容包含物质科学、生命科学、地球与宇宙科学、技术与工程四个领域。科学课程设置13个学科核心概念,是所有学生在义务教育阶段应该掌握的科学课程的核心内容。通过对学科核心概念的学习,理解物质与能量、结构与功能、系统与模型、稳定与变化四个跨学科概念。将科学观念、科学思维、探究实践、态度责任等核心素养的培养有机融入学科核心概念的学习过程中。[①]

"趣味科学"的核心是探究。在科学学习中孩子以探究的方式为主,基于"趣味科学"课程的特点,"趣味科学"让孩子用头脑思考,发现问题,通过动手实践的途径,求得具体的方法,获得问题的结论,积累探究问题的经验,自主地建构科学的知识。[②] 根据小学科学课程的总目标即培养孩子的科学素养,我们设置了"趣味物质、趣味生命、趣味宇宙、趣味技术"四个维度。我校"趣味科学"课程群结构如下(见图4-3-1)。

(1)趣味物质:孩子生活在物质的世界,无时无刻不在接触各种各样的物质,感受来自大自然和社会生活、校园生活的丰富多彩的物质运动和变化,探究其内在的规律性。趣味物质内容的学习有助于增强孩子探究物质世界的好奇心和兴趣,让孩子感受物质世界对提高人们生活质量的重要作用,帮助孩子初步养成细观察、勤思考、勇探究的科学品质。

(2)趣味生命:生命世界包含动物、植物、微生物等多种生物,生物的存在需要一

---

① 中华人民共和国教育部.义务教育科学课程标准(2022年版)[S].北京:北京师范大学出版社,2022:16.
② 张芳.引导孩子在探究活动中实现科学认知自我建构[J].科学大众(科学教育),2017(01):83.

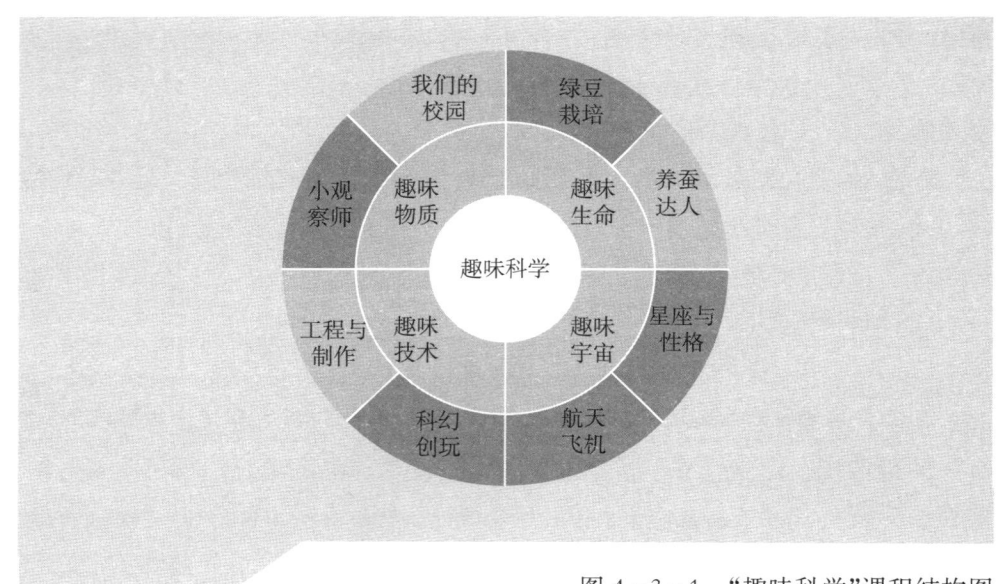

图 4-3-1 "趣味科学"课程结构图

定的条件,如适宜的温度、水和空气、营养物等。此外,生物个体能够生长、发育、繁殖后代,以此来延续生命。趣味生命内容的学习,能激发孩子认识自然的兴趣,帮助孩子初步了解生命体的构成,了解其多样性,形成爱护生物、热爱大自然的情感。

（3）趣味宇宙：地球是目前人们已知的宇宙中唯一适合人类生存的星球。地球与宇宙有着不可分割的联系。趣味宇宙的学习能激发孩子探究地球和宇宙的热情,发展孩子的空间想象、逻辑推理、模型思维等能力,帮助孩子初步构建科学的宇宙观和自然观,建立可持续发展观。

（4）趣味技术：科学的核心是运用科学技术改善生活,进行发明与创造。丰富人类世界的生活,推动世界的发展。趣味技术的学习可以帮助孩子综合所学习的各方面知识,了解科学技术对个人生活的影响。在"做"中学;在"做"中感受科学的美丽;在"做"中解决生活中的问题。

二、学科课程设置

我们遵循科学教育教学和孩子身心发展及成长规律,稳步推进并逐步完善"趣味科学"课程设置,让学习充满趣味。"趣味科学"课程设置不仅让孩子探究、实验,更重要的是让孩子用一种实验、探究的视角看待世界,形成科学态度和科学素养。按年级分段设置课程,纵向来看,由浅及深体现螺旋上升;横向来看,涵盖各年级四个维度的学习。我校根据孩子学习需求,开发了丰富多彩的拓展课程,具体设置如下(见表4-3-1)。

表4-3-1 "趣味科学"课程设置表

年级	学期	趣味物质	趣味生命	趣味宇宙	趣味技术
一年级	上学期	我们的校园	观鱼小达人	科学家的故事	科学幻想画
	下学期	我们的课室	观花小达人	科学家的故事	科学幻想画
二年级	上学期	探索自然	我们的身体	影子在哪儿	找方向
	下学期		生物小记录家	校园的天空	推力小火车
三年级	上学期	多彩校服	绿豆栽培	探索家	过山车
	下学期	小观察师	养蚕达人	航天科技	宇宙园
四年级	上学期	科学乐园(溶解的秘密)	小实验师(种子发芽)	科普阅读	趣味小家电
	下学期	科学乐园(声音的来源)	小膳食家	小小天气员	科学新生命
五年级	上学期	变形记(热胀冷缩)	小实验家	地球表面	太阳钟
	下学期	科普阅读	小实验家	运转与生活	小缆车
六年级	上学期	垃圾分类	微观园	星座与性格	科微世界
	下学期	科普阅读	生物角	日食与月食	能源站

第四节　让儿童掌握科学世界的密码

课程标准分别从教学、评价、教材编写和课程资源开发与利用四个方面提出小学科学课程实施的建议。这些建议汲取了当代学习理论与教学理论的精华，也是对近年来我国小学科学教学经验的凝练与提升。因此，"趣味科学"从落实"趣味课堂"、开展"趣味科学节"、打造"趣味课程"、开启"趣味社团"、开设"趣味赛事"、设置"趣味创客"、创建"趣味探究"这七方面入手，引导孩子领悟科学之趣，深刻了解科学在生活中的运用。

一、落实"趣味课堂"，为科学课程的学习奠定基础

孩子对周围的世界具有强烈的好奇心和积极的探究欲，"趣味课堂"是以孩子为主体的课堂，使他们在探究过程中体验科学之趣。

（一）"趣味课堂"的实践与操作

"趣味科学"的课堂，是充满乐趣的课堂。"趣味科学"课堂讲究以孩子为主体，不仅是一门跟着教师学习的课程，还是一门需要自己实践、自己思考，跟着教师的思路导图研究的课程。科学来源于生活，生活中处处体现科学。教师在"趣味课堂"中将趣味性实验或活动融入创设出的生活情境中，与生活紧密联系，在课堂上带领孩子学习知识的同时，还可以引领孩子将知识与生活联系到一起，使孩子更好地理解知识、理解科学。"趣味科学"课堂不仅教给孩子知识，而且增强孩子的实践能力，更锻炼孩子的交流合作能力，增强趣味性，具有重大意义。

"趣味课堂"拥有明确的课堂目标。课堂目标既是教师教的目标也是孩子学的目标，课堂的预设和完成主导着一节课的方向和走向。[①] "趣味课堂"采有趣之力，丰硕教学过程，丰盈课堂内涵，完善课堂。以生为本，尊重孩子的自主性，发挥孩子的主动性和积极性，让孩子爱上学习、学会学习、带着好奇心去学习，在愉悦和谐中提高学习效率，从而获得最优化的学习效果。依据孩子的个性特点，积极调动孩子的思维、智

[①] 胡朝阳.教师教学语言的教育性之研究[D].长沙:湖南师范大学,2019.

慧,形成思维全面绽放的场面,让孩子在课堂交流中碰撞出智慧的火花,让"趣味课堂"在循序渐进中展现魅力等,都体现了"趣味科学"的理念;从课堂效果的评价方式,体现了"趣味课堂"的特点。

"趣味课堂"是让儿童掌握科学世界密码的课堂。"趣味课堂"教学中,让孩子亲自参与实践操作,直接感知和认识事物,调动五官参与丰富的课堂活动。通过实际活动,使孩子养成动手、动脑的良好习惯和应变能力。培养孩子对科学的兴趣和好奇心,训练孩子的观察能力。"趣味课堂"最基本的特点是从儿童身边的自然事物开始学习活动,以形成对自然进行探究的态度、技能和获取关于自然的知识。① 因此,"趣味课堂"教学应通过各种途径激发孩子学习科学的兴趣,使他们在丰富有趣的科学活动中、实践活动中收获知识,训练思维能力,并分享成功的乐趣,这样孩子在课堂的合作探究学习中会变得更加自信,主动参与解决问题的过程,教师也能有效地转变教学方式,以新的理念指导科学课的教学工作,真正提高孩子的科学文化素质,促进孩子的全面发展。② "趣味课堂"从不同视角丰富孩子的思维,帮助孩子认识科学价值,产生无限的遐想,揭示自然与社会的奥妙。

(二)"趣味课堂"评价标准

"趣味课堂"主要是培养孩子创新精神和实践能力的有效途径,也是培养孩子科学素养的途径之一。而评价作为与孩子的知识掌握、学习能力相关的一个客观存在因素,它的运用与教师的教学效率有着直接的关联。基于此,我们要从客观、真实、全面的多元化角度对孩子进行综合性的评价,使得孩子在评价中得到自我提升。③ 通过多元化评价为孩子创设趣味性的科学课堂,从而培养孩子拥有科学的学习方法与学习态度(见表4-4-1)。

---

① 杨佳佳.走向生活的小学科学教育[J].课程教育研究,2018(46):146.
② 张诗雅.课堂有效学习的指导策略研究[D].上海:上海师范大学,2015.
③ 包玉春.基于多元化评价的小学科学趣味课堂的构建[A].中国教育发展战略学会教育教学创新专业委员会.2019 全国教育教学创新与发展高端论坛论文集(卷十一)[C].中国教育发展战略学会教育教学创新专业委员会,2019:2.

表4-4-1 "趣味课堂"评价细目表

执教		课题		年级			
项目		评价标准	分值				得分
教学思想		1. 从全面育人的理念出发,注重孩子综合素养的均衡发展。 2. 教师的主导作用与孩子的主体作用得到较好的发挥,恰当地处理好教与学的关系。	10	8	6	4	
教学目标		1. 目标明确,三维目标有机结合。 2. 符合孩子科学学习特点,能促进孩子的学习和发展。	10	8	6	4	
教学内容		1. 具体明确,把三个领域的内容分成五个方面展开教学。 2. 准确把握教学重点、难点和关键,体现用教材教的思想。	10	8	6	4	
教学过程	教师行为	1. 有效组织科学探究活动,引导孩子亲历科学活动的全过程。 2. 有序组织小组合作学习,对孩子进行科学探究方法的指导,知识拓展得当,生成性问题运用得合理,调控孩子的讨论方向、时间和深度。 3. 教学计划性强,综合运用教学方法,直观教学(实验演示等)、多媒体教学手段运用得恰当、合理。	10	8	6	4	
	孩子行为	1. 能自主发现问题,提出猜想与假设,并积极参与实验探究活动。 2. 在合作探究的实验过程中,善于合作,互帮互学。 3. 在交流过程中,能准确地进行演示、实验,清晰地阐述自己的观点,敢于质疑,勇于答疑,思维有条理性,见解和问题有独创性。	10	8	6	4	
	师生互动	1. 教师创设自由、平等、民主的课堂学习氛围。 2. 孩子大胆猜想,认真实验,主动合作,积极交流。 3. 师生关系和谐融洽,教与学相互配合、相互适应、相互促进、协调发展。	10	8	6	4	
教师素质		1. 举止大方得体,教态亲切自然,语言准确规范。 2. 具有丰厚的知识底蕴,教学基本功扎实。	10	8	6	4	

续 表

项目	评价标准	分值			得分
教学效果	1. 达成预期目标,孩子形成知识结构,基础能力得到发展。 2. 通过知情交融的活动方式,促进孩子良好个性的形成。 3. 孩子获得成功的心理体验,形成事实上的科学素养。	10	8	6	4
教学改革	1. 设计和谐有效的课堂教学基本环节和教学流程。 2. 正确运用导案、学案、检测题等指导孩子课堂学习活动。	20	16	12	8
简要评价		总分			

二、开展"趣味科学节",营造浓郁的课程氛围

"趣味科学节"是推动学校科技创新教育,努力营造讲科学、爱科学、学科学、用科学的浓厚氛围和良好风尚,鼓励孩子关注现代科技发展趋势,参与科技实践的活动。培养孩子独立思考、追求新知、大胆实践、勇于探索、敢于创新的精神和能力,树立节能、低碳的生态文明理念,提升他们的科学素养、创新精神和实践能力。[①] "趣味科学节"丰富了校园的科学文化,提高了孩子的科学素养,营造出热爱科学、钻研科学的科学文化氛围。在"趣味科学节"中,各年级的孩子积极地融入科学的浪潮中,最大限度地发挥自己的聪明才智,把严谨的科学知识变成了好玩的、有趣的各种活动。

(一)"趣味科学节"的实践与操作

为全面推进素质教育的贯彻实施,培养孩子的创造精神与实践能力,增强孩子学科学、爱科学、用科学的意识,经过学校领导的统筹规划,在科学组老师的精心策划下,我校开展了以下"趣味科学节"活动(见表4-4-2)。

---

① 黄爱萍.首届科技节"玩转"校园科技节 创意无限趣味活动方案[J].科技风,2018(05):36.

表 4-4-2 "趣味科学节"活动项目表

1. 能提起盘子的杯子	2. 牛奶变质	3. 水控乒乓球	4. 分合的水流	5. 会跳远的乒乓球
6. 会吸水的杯子	7. 啄木鸟	8. 筷子神力	9. 牛奶沉淀	10. 冒泡的岩浆
11. 魔力气球	12. 能抓住气球的杯子	13. 漂浮的鸡蛋	14. 反过来的字	15. 不会湿的纸
16. 瓶子瘪了	17. 爆炸的可乐	18. 高的蜡烛先灭	19. 神奇的牙签	20. 漂浮的油滴
21. 奇怪的乒乓球	22. 洗洁精驱赶胡椒粉	23. 有孔纸片托水	24. 惯性原理	25. 无人机模拟飞行
26. 无人机实操飞行	27. 海上战舰	28. 智能苗圃	29. 火星探秘	30. UV 打印
31. 机器人创新课程孩子作品	32. 机器人	33. 无人机		

(二)"趣味科学节"的评价要求

"趣味科学节"以多元评价为主,围绕孩子的非智力因素进行评价,以孩子的创新精神和实践能力为主。课程评价是保证日常教学活动正常进行的必要手段。科技带给我们新奇的体验,科技带给我们学习的源源不断的动力,让同学们可以在尽情遨游在科学的浪潮里的同时,在潜移默化中提升科学素养。为此,我校也形成了如下评价细目表(见表4-4-3)。

表 4-4-3 "趣味科学节"评价细目表

指标权重	评价要求	星级评定(一星、二星、三星、四星、五星)
活动目标	1. 富有趣味性,符合孩子的兴趣特征。	
	2. 具有节日特色,符合课程标准要求。	
	3. 激发兴趣,明确探究主题。	

续表

指标权重	评价要求	星级评定（一星、二星、三星、四星、五星）
活动内容	1. 贴近生活实际,增强孩子的动手操作能力。 2. 能利用课内知识进行探究,延伸到课外。	
开展形式	1. 形式生动多样,知行合一。 2. 注重合作交流和动手操作。 3. 家校结合,多方面开发资源。	
活动过程	1. 发挥孩子的主体性和主动性。 2. 教师负责组织管理,协调秩序。	
活动效果	1. 撰写新闻稿件。 2. 丰富孩子对世界的认识,让孩子感知科学的魅力。	
总评		

三、打造"趣味课程",丰富孩子科学思维

"趣味课程"主要通过课程实验活动来丰富孩子的科学思维,让孩子自己动手进行各种科学实验,新颖有趣,特别吸引孩子,同时能令他们感兴趣,增加互动性,增强其科学思维能力。

(一)"趣味课程"的实践与操作

兴趣是最好的老师,是认识某种事物或从事某种心理活动的心理倾向,是推动人们认识事物、探索真理的重要动机。①

"趣味课程"要聚焦素养。课程实践是培养孩子科学素养的重要途径之一。小学科学课程的基本理念是以探究为核心,以培养孩子科学素养为宗旨。② 因此,小学科学课程应以探究为基础,引导孩子养成良好的科学习惯,这是让孩子进行科学探究的

---

① 刘海波.如何培养孩子学习数学的兴趣[J].知音励志,2017(10):72.
② 张丽娟.小学科学实验教学[J].课程教育研究,2019(25):181—182.

一种手段,是从培养孩子的科学习惯出发向孩子进行科学启蒙教育。① 小学科学教育一直处于一个比较重要的地位,其核心目标就是帮助孩子形成良好的科学素养,教会孩子用积极的态度科学地、实事求是地对待生活,解决实际生活中遇到的各种问题,培养孩子勇于探索的科学精神。

"趣味课程"要联系生活。学科学知识与孩子的现实生活有十分紧密的关联,因此,在实际教学活动中,小学科学教师可以从孩子的现实生活出发,让孩子在生活中学习、应用科学知识,这样不仅可以促进孩子对于科学知识的学习兴趣的提升,还可以最大限度地引导孩子将理论知识与实践结合在一起,有助于孩子综合水平的提高。② 我们开展科学知识竞赛、节日活动等,打造有趣课程。通过趣味性教学,教师寓教于乐,孩子学习的时候更愉悦,课堂更充实,教学与学习效率大大提高。趣味性实验教学能提高孩子的学习兴趣,增强其学习科学的动力,便于将生活与学习联系起来,对他们学习知识及将来在生活或者学习中应用都有着重要作用。

"趣味课程"要活用资源。小学科学课程标准指出:科学课程要实行多元主体开发。科学课程资源比较广泛,在开发中既要充分发挥教师作为课程开发重要主体的作用,又要发挥学生、学校、社会、家庭等方面的积极性,多途径共同开发,形成多方参与课程资源开发的长效机制,探索课程资源开发与利用的有效途径和方法。课标指出活资源还需要贴近教与学的实际。要善于选择与组合各种适宜自身教学实际的课程资源,创设真实教学情境,给学生的操作、体验、探究、实践等提供支持。要重视课程资源的整合与利用,力争做到课程资源与科学教学的有机结合,信息技术与科学教学的深度融合,校外学习与校内学习的相互促进,原有资源和生成性资源的综合使用,线上学习与线下学习的有效整合。③ 为了更好地贯彻和落实新课程这一基本理念,开发与利用小学科学教学资源的重要性便愈显突出,在实施过程中,如果教师们对校内外的资源利用得当,会易于培养孩子爱科学、爱学校、爱家园和爱祖国的情感,进而使其形成积极向上的价值观。可见,小学科学教学资源的开发与利用,对提高科学学科教学质

---

① 杨晓华.科学课堂要培养孩子良好的学习习惯[J].课程教育研究,2016(09):138—139.
② 余文倩.基于STEAM教育与创客教育整合的小学科学课程设计研究[D].武汉:华中师范大学,2019.
③ 中华人民共和国教育部.义务教育科学课程标准(2022年版)[S].北京:北京师范大学出版社,2022:131.

量、培养孩子科学素养的作用就显得尤为突出和重要。

"趣味课程"要注意应用。小学科学课程标准中明确指出"义务教育科学课程是一门体现科学本质的综合性基础课程,具有实践性"[1],让孩子逐渐养成科学的生活习惯和行为习惯;了解"趣味科学"探究的过程和方法,尝试应用于"趣味科学"探究活动,逐步学会科学地看问题、想问题,保持并发展对周围世界的好奇心和求知欲,形成大胆想象、尊重客观、勇于创新的科学态度,爱科学、爱家园、热爱生命。积极参与对自然的保护,关心未来科技的新发展。

(二)"趣味课程"的评价要求

"趣味课程"坚持以尊重孩子的兴趣爱好和意愿为原则,课程实施方法得当,效果显著,体现"以生为本"的课堂理念,有利于培养孩子的科学思维能力。因此,我校设计了如下"趣味课程"评价表(见表4-4-4)。

表4-4-4 "趣味课程"评价细目表

项目	评价内容	评价等级 (优良中差)
目标	1. 课程目标明确、清晰。 2. 课程框架完整、逻辑性强。	
内容	1. 课程内容完整、重难点突出。 2. 课程内容切合实际。 3. 课程内容满足孩子的需要。	
实施	1. 能根据课程目标精心设计。 2. 重视对孩子的创新能力的培养,培养孩子的科学素养。	
评价	1. 在实施课程中的激励性评价与发展性评价。 2. 评价主体多元化,教师、孩子、家长等多个主体参与评价。	
反思		

---

[1] 中华人民共和国教育部. 义务教育科学课程标准(2022年版)[S]. 北京:北京师范大学出版社,2022:1.

四、开启"趣味社团",发展学习兴趣

"趣味社团"是学好"趣味科学"的重要组成部分,给孩子一个展示自己的机会,促进了孩子与"趣味科学"之间的交流,激发了他们学习科学的兴趣。

(一)"趣味社团"的实践与操作

科技是创新的基石,科技是梦想的舞台,科学是成长的乐园,科学让孩子插上想象的翅膀。在社团中让孩子感受科学的趣味,体验成功带来的喜悦,充分发挥孩子在社团中的主体作用,使孩子得到全面的发展。我校开展了以下"趣味社团"(见表4-4-5)。

表4-4-5 "趣味社团"安排表

社团名称	内容
科学探究社	开展趣味小实验,开展科技小制作,开展户外考察活动,设置科学探究站点,抓好科普宣传活动。
科学阅读社	组织孩子阅读相关书籍,并举办读书分享会。
科学绘画社	将科学知识与未来相结合,用笔和纸画出未来生活。
科学书报社	阅读相关书报,撰写研究报告。
科学新闻社	采访学校相关科学活动,撰写新闻稿,定期出版科学报纸。

(二)"趣味社团"评价要求

"趣味社团"注重每个个体的发展,让孩子在自身兴趣或者专长上有更好的发展,力求对每个孩子的持续学习、健康成长产生积极的影响。开展社团打破了以班级为单位的局限,为孩子提供更多交流合作的机会,培养了他们的实践操作能力和思维理解能力。"趣味社团"成为我校发展的一个亮点。对"趣味社团"的评价坚持全体性、系统性,公正公平公开的原则。我校的"趣味社团"评价细目表如下(见表4-4-6)。

表 4-4-6 "趣味社团"评价表

指标权重	评 价 要 求	得分
社团基本建制（30分）	1. 各部门齐全，人员到位，没有空缺。 2. 各项规章制度（如社团章程、活动原则等）具体、完善，社员管理办法具体、完善，能按照社团章程、制度较好地执行，主要负责人配合默契。 3. 社团名册及活动过程记录翔实。 4. 社团财务管理资料、开销明细清晰。 5. 年度计划完善，有具体的发展计划。	
活动管理（50分）	1. 活动内容丰富，形式生动，孩子满意度高。 2. 能积极配合学校开展的各项活动，认真落实各项工作。 3. 每学期能组织一次展示活动，并向学校考核组开放，活动有条不紊，活动时间安排合理，能成功地完成活动，达到预期效果，活动的气氛热烈，社员热情参与，通力合作。 4. 活动期间的秩序、组织纪律良好，活动过程中没有违规现象。	
特色成效（20分）	1. 活动有一定影响力，有报道。校级、区级每篇加 5、10 分，以此类推。 2. 活动有成果展示，参加校内外展示获奖或受到好评。校级每人每次 1 分，区级每人每次 2 分，以此类推。	
优：100—90 分	良：89—70 分　　合格：69—60 分　　待合格：60 分以下	总分：

五、开设"趣味赛事"，丰富校园生活

（一）"趣味赛事"的实践与操作

"趣味赛事"是面向全校孩子的群众性科技活动，一方面可以让孩子们把生活中的科学展现在舞台上，另一方面可以加深孩子们对科学技术的了解，激发其对这一方面的兴趣。同时这也丰富了我们的校园生活，营造友好、浓厚的学习氛围，对学校学风的绿色意识的传承显得尤为重要。

"趣味赛事"的开展旨在为大家创建一个以"绿色节能"为主旨的交流合作平台，让更多的孩子热爱科学创新，挖掘自身潜力，为创建绿色校园贡献一份力量，同时鼓励孩子从生活中寻找创新，将课堂上所学的知识应用于实践，激发孩子的创新意识。我校

开展了以下赛事(见表4-4-7)。

表4-4-7 "趣味赛事"项目表

序号	赛事名称	赛事内容	备注
1	能运用各种感官,借助工具观察物体	通过眼睛看、耳听、鼻闻、手摸,借助放大镜等工具观察物体,并能用简单的语言描述其特点。	
2	测量水的温度	实验器材:温度计、烧杯、水。 实验过程: 1. 将一定量的水倒入烧杯。 2. 手拿着温度计的上端,将温度计浸入水中,水面盖过液柱,不能碰到烧杯的底与壁。 3. 在液柱不再上升或下降时准确读数,视线与温度计液面持平,注意读数时温度计不能拿出水面。	
3	用量筒量取一定量的水	实验材料:量筒、水、烧杯、玻璃棒、记录单。 实验要点: 一、检查实验器材是否齐全并选择合适的量筒。 二、用量筒测量一杯水的多少: 1. 将烧杯中的水倒入量筒中,注意:①烧杯尖口贴紧量筒内壁;②水倒完后停留片刻,尽量让烧杯内的水全部流出;③水不要溅出来。 2. 把量筒在桌上放平稳。 3. 读数时视线要与量筒内液体的凹液面最低处保持水平。 4. 读出水的体积数,记录数据。	
4	食盐的溶解	实验器材:烧杯、玻璃棒、药匙、食盐、纯净水。 1. 按顺序操作:检查实验器材是否齐全、完好;将烧杯中的水倒入量筒中;把量筒在桌上放平稳。 2. 读数时视线要与量筒内液体的凹液面最低处保持水平。 3. 读出水的体积数,记录数据。 4. 整理器材,把玻璃棒等仪器清洗干净,将实验器材放回原处。 5. 实验过程:用烧杯向另一个烧杯中加入适量清水,再将一平匙食盐放入清水中,观察现象(颗粒大小是	

续 表

序号	赛事名称	赛事内容	备注
		怎样变化的？在水中的分布是否均匀？是否有沉淀出现？溶解还是不溶解？），轻轻搅拌后再观察。	
5	用天平称木块的质量	实验器材：托盘天平、砝码一盒（内带镊子）、待测木块（可用其他物体代替）。 实验步骤： 1. 调节天平平衡。 2. 测量待测木块的质量，并记录测量结果。 3. 实验结论：待测木块的质量为（　　）g。 4. 实验结束，整理实验器材。	
6	分离食盐和水	实验器材：酒精灯、三脚架、石棉网、蒸发皿、搅拌棒、塑料药匙、放大镜、火柴、纸（两张）、烧杯、清水、滴管一支、坩埚钳。 实验过程： 1. 取一只盛了水的烧杯，慢慢将食盐加入水中搅拌，直到饱和（杯底出现食盐颗粒）。 2. 在蒸发皿中滴入5—10毫升饱和浓盐水。放在三脚架上，并用酒精灯加热。 3. 停止加热（在盐水还未完全蒸发之前熄灭酒精灯，用余热加热）。 4. 用小匙将蒸发皿中的白色颗粒转移到纸上，用放大镜观察。	

（二）"趣味赛事"评价要求

各年级比赛内容按教学进度和年龄特征合理进行编制，要求内容具有一定的科学性、灵活性。我校制定以下"趣味赛事"评价表（见表4-4-8）。

表4-4-8 "趣味赛事"评价表

指标权重	评 价 要 求	得分
竞赛内容 70分	1. 内容具有科学性，符合孩子的年龄特征。 2. 画面干净整洁，提高孩子的创新能力。 3. 具有层次性和相应的挑战性。	

续表

指标权重	评价要求	得分
竞赛过程 30 分	1. 孩子积极参与，主体作用发挥得好。 2. 各种能力增强，遵循循序渐进。 3. 教师管理有方，孩子活动有序。	
优：100—90 分	良：89—70 分　　合格：69—60 分　　待合格：60 分以下	总分

六、设置"趣味创客"，促进孩子全面发展

（一）"趣味创客"的实践与操作

"趣味创客"是基于孩子的兴趣，注重团队协作精神、创新意识以及问题解决能力的培养的活动，以孩子为中心，采用小组合作教学模式，注重实践应用，将信息技术应用于其中，将创客教育理念充分应用到课程上。相关课程见表 4-4-9。

表 4-4-9　"趣味创客"课程表

课程	内容
Scratch 课程	1. 学习 Scratch 界面功能及一些使用方法。 2. 制作一些较简单的动态效果作品。 3. 通过制作较复杂的作品学习流程图的概念去解决问题。 4. 分别学习顺序功能，选择功能，循环功能，有变量的定义和链表（数组）的使用等。 5. 制作较复杂的小游戏（教学效果）。 6. 了解基本代码和学习基本操作。 7. 制作小游戏。
3D 打印	学习 3D 打印技术的基础知识，认识 3D 打印机的种类、软件及打印耗材，特别是对核心内容 3D 打印软件 3Done 的学习，孩子以简单了解到能详细操作，由开始的认识软件界面，到之后的熟练使用常用命令，学习制作课桌椅、笔筒、花瓶、青花瓷、名牌、积木等。

续表

课程	内　　容
无人机	1. 无人机的理论包括：无人机的飞行结构，飞行原理，气象知识，法律法规，等等。 2. 实操包括：悬停，起降练习，360°自旋和8字形平稳飞行。

（二）"趣味创客"评价要求

"趣味创客"评价原则方面，强调课程评价的个性化、评价方式的多样化、评价主体的多元化、评价数据的全面化。对孩子建构知识、解决问题的能力和动手操作的能力十分重视。我校制定以下"趣味创客"评价表（见表4-4-10）。

表4-4-10　"趣味创客"评价表

课程名称		老师		日期		
评价项目	评 价 内 容			等级（A\B\C\D）		备注
目标	1. 教学目标面向孩子学科核心素养的培养，教学内容与学科核心素养的内涵相符。 2. 激发孩子的创新和创意思维，培养孩子的实践能力和解决问题的能力。因此，教学评价目标是评价孩子在创新思维能力和解决问题的操作技能两个方面的发展情况。					
设计	1. 孩子能共同学习，共享学习资源，相互促进，共同进步。 2. 选题具有一定的创新性，明确需求，解决生活或学习中的问题。					
实施	1. 课前资料准备充分，做到内容完整，具有针对性。 2. 操作性强，示范讲解时思路清晰，方法得当。					
评价	作品是否达标（外观、功能、运行的流畅性、作品的完整性）。					
反思	能够根据课程纲要的设计、课程实施和课程评价中的各个环节进行思考，形成有效经验和建议，并积极完善课程。					

七、创建"趣味探究",培养孩子的好奇心和探究欲

(一)"趣味探究"的实践与操作

探究是科学的灵魂,也是孩子学习科学的重要方式,科学学习要以探究为核心。探究既是科学学习的目标,又是科学学习的方式。采取开放的评价形式等策略激发孩子的学习兴趣和学习动机,改变孩子的学习方式,切实提高自主探究教学的质量。[①] 因此,我校开设了以下"趣味探究"课程实验(见表4-4-11)。

表4-4-11 "趣味探究"课程实验表

项目名称	内容简介	相关能力培养	相关学科知识	知识与能力培养
奇妙浮沉子	利用废旧汽水瓶和吸管、回形针或是小口服液药瓶,表演控制物体沉浮的魔术;通过对浮沉子的探究与制作,让孩子熟悉上课模式;拓展至对火柴或铅笔浮沉子的分析。	观察能力、实验设计能力、实践操作能力、敢于质疑的能力、主动发言的能力。	气体和液体压强,浮力与重力(潜水艇的原理);物质的吸水特性。	为后面涉及气压、浮力、重力等的教学内容做好铺垫。
物体沉浮的探究	通过使用鸡蛋、食盐、塑料瓶、吸管、棉线、饺子、烧杯、酒精灯、火柴、橡皮泥、汽水、葡萄干等材料,初步理解浮沉与物体的密度相关。	观察能力、实验设计能力、实践操作能力、敢于质疑的能力、多维度思考的能力、评价的能力。	气体、液体压强,浮力与重力;形状、密度、体积对浮沉的影响。	既是对浮沉子现象的进一步理解,也是对动手能力的初步培养。
希罗喷泉	指导孩子利用废旧矿泉水瓶、透明软管、长吸管等来制作神奇的自动喷泉;通过观察各组的喷泉,来分析其原理。	观察能力、实践操作能力、主动参与能力、善于倾听的能力、互助协作能力。	气压、水压。	初步学习一些工具的使用,为后面的技术专题做好准备。

---

① 王丽燕.小学高年级科学课自主探究教学现状与对策研究[D].大连:辽宁师范大学,2013.

项目名称	内容简介	相关能力培养	相关学科知识	知识与能力培养
厨房里的科学探究	利用家里的蔬菜、水果、米饭就能玩出科学实验探究的真趣味。注重观察与发现，激发孩子的思考，引导孩子学习基于证据的科学归纳逻辑。	观察能力、实验设计能力、实践操作能力、多维度思考的能力、主动参与能力、组织领导能力、互助协作能力。	科学探究的观察与归纳法、营养成分的分类、化学物质的变化。	引入生活中的材料，让孩子体味科学实验的趣味。

(二)"趣味探究"评价要求

课堂是"趣味科学"的主要阵地，对课堂学习活动的评价是评价的重要方面。在以往的教学中，主要是利用下课前的几分钟，进行一些"形成性"的测试。新课程标准要求课堂评价应贯穿于学习实验过程中，因此要评价孩子在学习活动中的表现。我校制定以下评价表（见表4-4-12）。

表4-4-12 "趣味探究"评价表

评课人：_____ 课题名称：_____ 讲课人：_____ 总分：_____

评价项目	评价要点	符合程度		分值
		基本符合	基本不符合	
教学目标 10分	(1) 符合课标要求和孩子实际的程度。			
	(2) 可操作的程度。			
学习条件 10分	(1) 学习环境的创设。			
	(2) 学习资源的处理。			
学习指导与教学调控 10分	(1) 学习指导的范围和有效程度。			
	(2) 教学过程调控的有效程度。			
孩子活动 10分	(1) 孩子参与活动的态度。			
	(2) 孩子参与活动的广度。			
	(3) 孩子参与活动的深度。			

续 表

评价项目	评价要点	符合程度		分值
		基本符合	基本不符合	
课堂气氛 10分	(1) 课堂气氛的宽松度。			
	(2) 课堂气氛的融洽度。			
教学效果 10分	(1) 目标的达成度。			
	(2) 解决问题的灵活性。			
	(3) 师生的精神状态。			
学科特色 20分	(1) 创设探究性学习情境。			
	(2) 对探究活动的组织和指导。			
	(3) 孩子对探究活动的参与度。			
实验教学特色 20分	(1)实验设计合理。(2)使用熟练恰当。(3)孩子的实践目标达成得好。			
评价等级	A(80分以上)	B(80—70分)	C(69—60分)	D(不到60分)	总分

综上所述,我们在生活中感受到科学、科技带来的便利。学习"趣味科学"课程,有利于孩子形成科学的认知方式和科学的自然观,并将丰富他们的童年生活,发展他们的个性,开发他们的创造潜能,激发他们的科学思维和理解能力。同时,课程开发之路任重道远,我们将不负众望,在不断的探索研究中勇毅前行。

(撰稿者:李露舒 雷旭君)

第五章
情趣美术：创造色彩斑斓的艺术世界

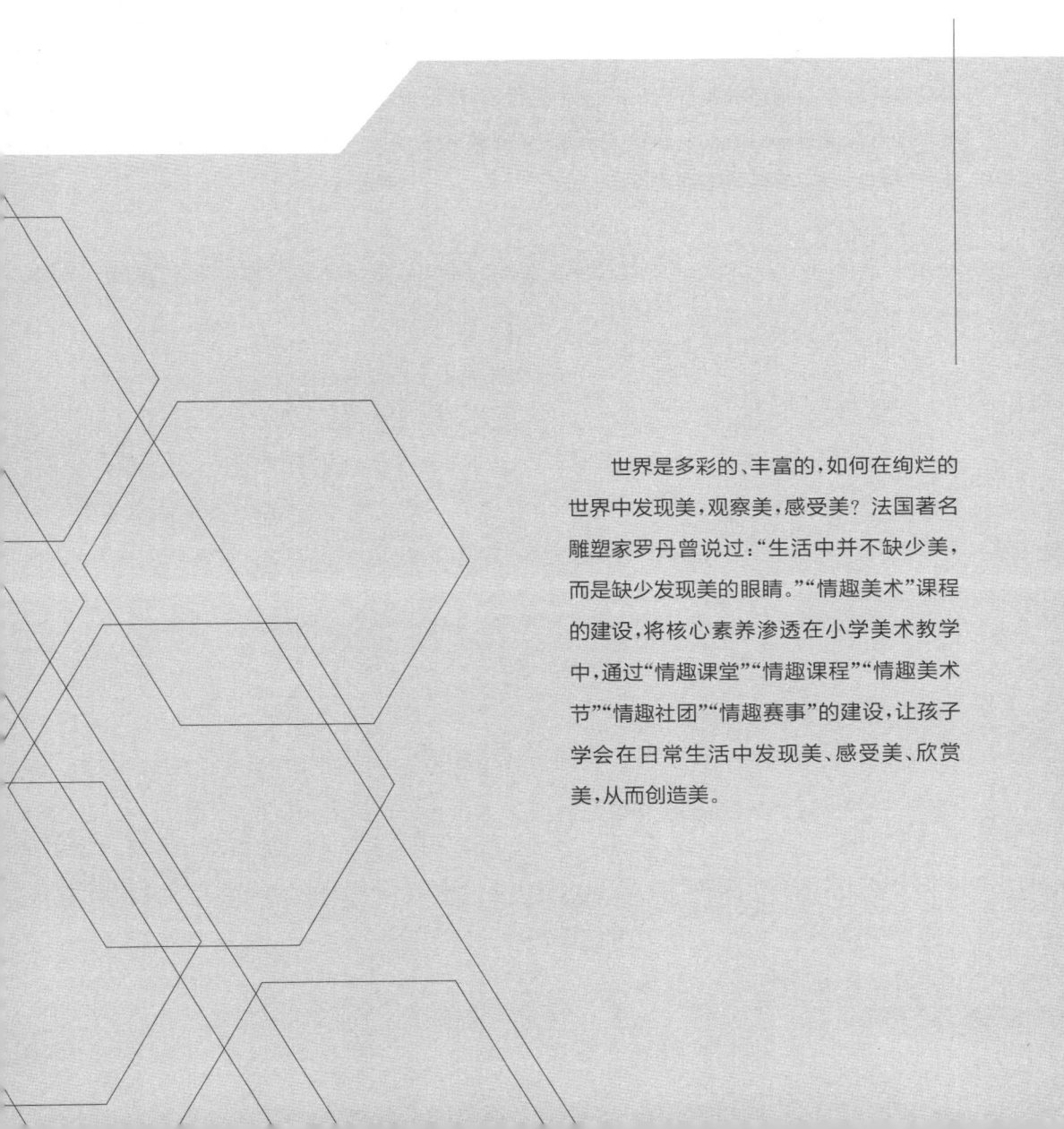

世界是多彩的、丰富的，如何在绚烂的世界中发现美，观察美，感受美？法国著名雕塑家罗丹曾说过："生活中并不缺少美，而是缺少发现美的眼睛。""情趣美术"课程的建设，将核心素养渗透在小学美术教学中，通过"情趣课堂""情趣课程""情趣美术节""情趣社团""情趣赛事"的建设，让孩子学会在日常生活中发现美、感受美、欣赏美，从而创造美。

广州市黄埔区夏园小学美术科组,是一支颇有潜能的经验型教师队伍,他们爱岗敬业,认真扎实地开展教学研究,是保障学校各项美术工作顺利开展的核心力量。美术科组的每位教师都有各自擅长的活动主题,也都形成了各具特色的教学风格,因此美术课堂深受孩子们的喜爱。我们依据《义务教育艺术课程标准(2022年版)》,推进我校"情趣美术"学科课程群建设。

第一节　美术是富有情趣的生活

一、学科性质和价值观

《义务教育艺术课程标准（2022年版）》对艺术课程性质有如下表述：艺术是人类精神文明的重要组成部分，是运用特定的媒介、语言、形式和技艺等塑造艺术形象，反映自然、社会及人的创造性活动。艺术教育以形象的力量与美的境界促进人的审美和人文素养的提升。艺术教育是美育的重要组成部分，其核心在于弘扬真善美，塑造美好心灵。[①]

在课程开发上应致力于让孩子在美术学习中积累视觉、触觉和其他感官的经验，发展感知能力、形象思维能力、表达和交流能力；在美术学习中运用传统媒介或新媒体来创造作品，发展想象能力、实践能力和创造能力；在美术学习中学会欣赏和尊重不同时代和文化的美术作品，关注生活中的美术现象，涵养人文精神；在美术学习中自由抒发情感，表达个性和创意，增强自信心，养成健康人格。美术课程主要通过"造型表现""设计应用""行赏评述""综合探索"四大板块的课程内容使孩子们在积极的情感体验中发展观察能力、想象能力和创造能力，提高审美品位和审美水平，增强对自然和人类社会的热爱及责任感，形成创造美好生活的愿望与能力。

情感性是美术的一个基本品质，通过美术课程可陶冶孩子的高尚情操，提高其审美水平，增强其对自然和生活的热爱及责任感，并培养他们尊重和保护自然环境的态度以及创造美好生活的愿望与能力。同时，引导孩子参与文化的传承和交流。发展孩子的感知能力和形象思维能力，从而使孩子形成创新精神和技术意识。

二、学科课程理念

基于此，我校提出"情趣美术"的学科课程理念为"知情合一，创造色彩斑斓的艺术

[①] 中华人民共和国教育部. 义务教育艺术课程标准（2022年版）[S]. 北京：北京师范大学出版社，2022：1.

世界",既注重知识性的培养,同时从日常生活出发,注重培养孩子的审美情趣。实施义务教育阶段的美术教育,必须坚信每个孩子都具有学习美术的潜能,能在他们不同的潜质上获得不同程度的发展,强调通过发挥美术教学特有的魅力,触发孩子的审美认知,培养孩子的审美情趣,从而提高孩子的审美品位,使其形成美术素养。

(一)"情趣美术"是体验生活美

实施义务教育阶段的美术教育,必须坚信每个孩子都具有学习美术的潜能,能通过有效的学习方式,体会美的特征,形成基本的美术素养,奠定一定的基础。美术课程从相信每个孩子都有体验艺术的潜能到激发孩子学习美术的兴趣和潜能的过渡,让孩子通过美术课程培养审美情趣,从社会生活的方方面面体验美,感悟艺术的独特价值。

(二)"情趣美术"是感悟文化美

美术是人类文化的一个重要组成部分,美术与社会生活是密不可分的,美术课程旨在培养孩子在生活中感受美的能力,让孩子在丰富的社会文化生活中感受艺术的多样性,通过艺术美的特征了解其表现的文化,特别是中国传统文化。最后形成热爱祖国优秀传统文化,同时尊重世界文化的多样性的价值观。

(三)"情趣美术"是主动创造美

美术课程在奠定孩子审美基础的同时,强调孩子在艺术审美中的想象力和创造力,既尊重孩子学习的普遍性,又强调孩子的个性,帮助孩子运用美术的方法大胆想象,培养自己的创造力,将创意转化为具体成果。

基于此,我们将"情趣美术"的理念确定为:培养孩子的审美情趣,鼓励孩子主动创造,增添生活的色彩。"情趣美术"顺应孩子学习艺术的天性,培养孩子的审美情趣,开阔和丰富孩子的视野,并激发孩子的创造力和发现力,让孩子学会感受生活,实现孩子从自我感受到自主创作的过程。

第二节　陶醉在富有情趣的美术世界

一、学科课程总体目标

根据《义务教育艺术课程标准(2022年版)》,通过义务教育艺术课程的学习,学生应达到以下目标:感知、发现、体验和欣赏艺术美、自然美、生活美、社会美,提升审美感知能力。丰富想象力,运用媒介、技术和独特的艺术语言进行表达与交流,运用形象思维创作情景生动、意蕴健康的艺术作品,提高艺术表现能力。发展创新思维,积极参与创作、表演、展示、制作等艺术实践活动,学会发现并解决问题,提升创意实践能力。感受和理解我国深厚的文化底蕴和党的百年奋斗重大成就,传承和弘扬中华优秀传统文化、革命文化、社会主义先进文化,坚定文化自信,铸牢中华民族共同体意识。了解不同地区、民族和国家的历史与文化传统,理解文化和构建人类命运共同体的关系,学会尊重、理解和包容。① 我们要充分认识美术课程目标在深入推进美术教育课程改革中的引领作用,将目标与全面育人、与课程基本理念、与教学行为有机统一,实现课程目标提出的"孩子在美术学习过程中,丰富视觉、触觉和审美经验,获得对美术学习的持久兴趣,形成基本的美术素养"。②

二、学科课程年级目标

根据《义务教育艺术课程标准(2022年版)》的总体目标,结合我校美术学科课程目标,我们梳理了小学美术六个年级的课程目标,这里以二年级具体目标为例(见表5-2-1)。

---

① 中华人民共和国教育部.义务教育艺术课程标准(2022年版)[S].北京:北京师范大学出版社,2022:6—7.
② 傅幼康.以美术课程目标为导向　有效实施美术课堂教学——《义务教育美术课程标准》(2011年版)解读(三)[J].画刊(学校艺术教育),2012(03):9—11.

表 5-2-1 "情趣美术"二年级单元目标表

学期目标\年级	上学期	下学期
二年级	共同目标 第一单元:通过对民间和现代玩具的欣赏,懂得玩具的由来和演变,了解玩具的生动神态,有色彩鲜艳的花图案,提高学习美术的兴趣。 第二单元:感受叶子网状纤维纹理的美感。在比较中,体验叶子的形态美、纹理美;在尝试中,体验拓印、线描、色绘、剪贴的不同美感;在展示中,体验创造的乐趣。体验发现美丽的叶子的乐趣;关注身边不起眼的自然物象。 第三单元:运用造型元素,绘画"形美、色美"的中国佳肴,在利用电脑收集资料中发现节日的餐桌上中国美食很讲究"形与色";学会合作设计一桌美食佳肴;体会生活美。 第四单元:掌握泥条盘筑的方法,能盘制生活用品;经历对生活物品的观察、尝试、交流、盘制的过程,总结出物品的盘制方法;培养自己的动手实践能力及对用泥条盘制物品这一内容的喜爱。 第五单元:感受经典动画人物的艺术形象,并运用造型元素、基本形的组合方式表现孙大圣;运用折、剪、粘贴、绘画的手段,设计活动画页。在观察中学会"以形观物、以形表物"的方法;在合作创作中,探讨"活动画页"的整体设计方法。 第六单元:能根据数字的特点发挥想象进行变化与装饰。培养想象力和创造美的思维方式。	共同目标 第一单元:认识、了解画家眼中的儿童的基本形态结构,认识一些中外著名的动漫形象。了解动漫形象设计上的夸张与拟人等艺术手法。能用简单的语言表达自己对动漫形象的"形与色"的感受。 第二单元:初步了解象形文字,能创造出简单的象形文字,并能运用象形文字画一幅画。在此文化情境下了解美术对当时社会生活的独特贡献,从而对学习美术产生兴趣,提高综合素质。 第三单元:感知水果的形态特征和色彩特征;能了解一些关于水果的特点。能运用各种材料工具表现水果的形态、色彩;能用"对称、均衡、重复"等艺术手法表现水果。 第四单元:感知卡通吉祥物及其作用。能用线描平涂的方法装饰、设计吉祥物。运用拟人、夸张的手法表现吉祥物。在欣赏中感受卡通吉祥物设计上的拟人化、夸张的艺术手法。在学习中互相启发,掌握设计方法。 第五单元:感知对称剪纸和阴刻剪纸。感知古陶瓷花瓶造型美、装饰美的特点。能用对折的方法剪出有装饰花纹的具有自己特色的大花瓶。 第六单元:感知废弃物的形、色、材质的美感和潜在的利用价值。能选择

续 表

年级 \ 目标 \ 学期	上学期	下学期
	校本目标 1. 能综合运用各种平面造型元素和技能表现事物构成的画面。 2. 在观察中学会"以形观物、以形表物"的方法。 3. 体会将想象转化为表现的乐趣。	废弃物进行设计、组合与装饰，创造玩具或装饰品。体验废弃物的妙用及环保的作用，形成环保意识。 校本目标 1. 培养创造能力。养成团结、关心他人的集体意识。 2. 学会利用废弃物的形、色、材质进行创造性的组合装饰设计。掌握相关的知识与制作技能。

第三节　创设滋润生活的美术生活

我校美育的目标是培养孩子充分感受现实美和艺术美的能力，使孩子具有正确理解和善于欣赏现实美和艺术美的知识与能力；帮助他们形成对于美和艺术的爱好。培养和发挥孩子创造现实美和艺术美的才能。要使孩子学会按照美的法则建设生活，把美体现在生活、劳动和其他行动中，养成美化环境以及生活的能力和习惯。为了实现"情趣美术"的学科课程理念和目标，我校建立了学科课程框架。

一、学科课程结构

《义务教育艺术课程标准（2022年版）》指出：聚焦审美感知、艺术表现、创意实践、文化理解等核心素养，围绕欣赏（欣赏·评述）、表现（造型·表现）、创造（设计·应用）和联系/融合（综合·探索）四类艺术实践活动，以任务驱动的方式遴选和组织课程内容。① 因此，我校为了构建"情趣美术"的学科课程，将美术学科课程分为"情趣造型""情趣设计""情趣欣赏""情趣探究"四个维度。我校"情趣美术"课程群结构如下（见图5-3-1）。

1. 情趣造型。情趣造型是指运用线条、素描、描绘、拓印、拼贴等方法创作美术作品，并能通过作品传达情感、观念的活动。

2. 情趣设计。情趣设计是运用一定的工具和材料进行美术作品设计，并在此过程中形成设计意识和实践能力的活动，具体包括纸艺设计、剪纸、彩泥、纸浆画等手工设计活动。

3. 情趣欣赏。情趣欣赏是指孩子通过对美术作品、自然美的欣赏、评析，逐步形成审美能力的过程。除了欣赏作品得到审美愉悦之外，还要了解作品背后作者的思想内涵、作品形式以及作品的历史背景。

---

① 中华人民共和国教育部.义务教育艺术课程标准（2022年版）[S].北京：北京师范大学出版社，2022:3.

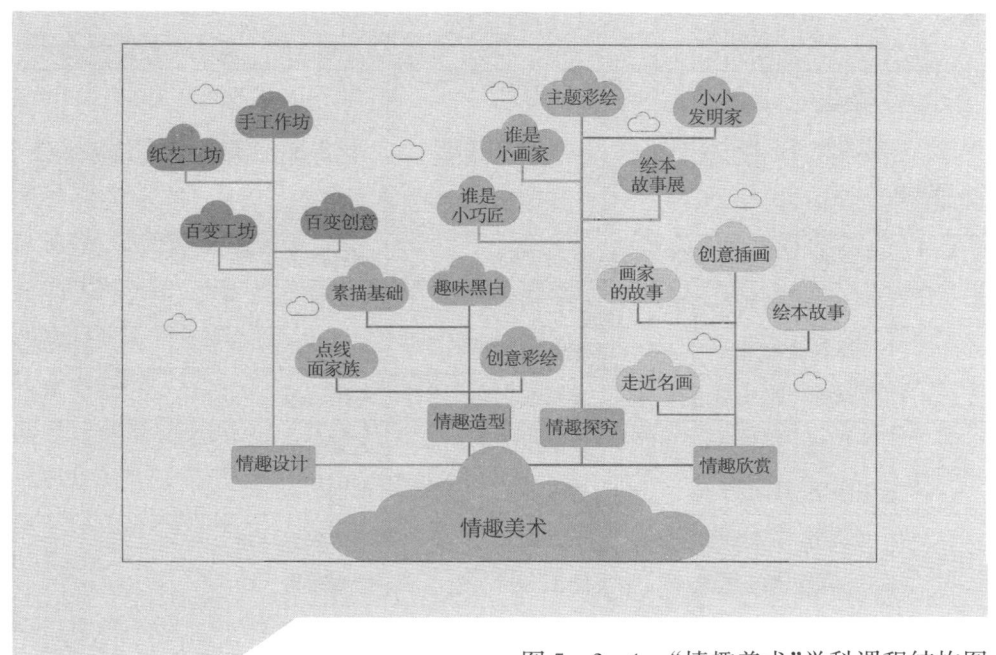

图 5-3-1 "情趣美术"学科课程结构图

4. 情趣探究。情趣探究是指通过综合性的美术活动，引导孩子主动探索、研究、创造以及综合解决问题的学习领域。它融合了情趣美术中的情趣造型、情趣设计和情趣欣赏，是综合运用美术知识的美术创作活动。

二、学科课程设置

我们遵循美术教育教学和孩子认识发展及成长规律，稳步推进并逐步完善"情趣美术"课程设置，让学习水到渠成，体现真实、自然。"情趣美术"课程设置让孩子在感兴趣的前提下欣赏美、感悟美、发挥想象创造美。

在按要求完成十二册统编美术教材的学习之外，我校根据孩子学习需求，开发了丰富多彩的拓展课程，具体设置如下（见表5-3-1）。

表 5-3-1 "情趣美术"课程群课程设置表

学期 \ 类型 \ 年级		情趣设计	情趣造型	情趣欣赏	情趣探究
一年级	上学期	点线面家族	百变工坊	画家的故事(一)	谁是小画家
	下学期	点线面拓展	能工巧匠	画家的故事(二)	
二年级	上学期	非黑即白	纸艺工坊	走近名画	谁是小巧匠
	下学期	趣味黑白	多彩纸艺	名画故事	
三年级	上学期	创意彩绘	手工作坊	名家名画	主题彩绘
	下学期	彩绘天地	趣味手工	再创名画	
四年级	上学期	二次元世界	手工达人	画与故事	绘本故事展
	下学期	邂逅素描	能工巧匠	绘本故事	
五年级	上学期	素描基础(一)	百变创意	妙笔生花	小小发明家
	下学期	素描基础(二)	创意无限	笔下世界	
六年级	上学期	素描进阶(一)	趣味创造	创意插画(一)	主题插画展
	下学期	素描进阶(二)	趣味工坊	创意插画(二)	

第四节　富有情趣的美术学习生活

《义务教育艺术课程标准(2022年版)》指出:艺术课程实施要以核心素养为导向,要将核心素养的培育贯穿艺术教育的全过程。教师要立足学生的全面发展,挖掘教学内容多方面的育人价值。[①]"情趣美术"从落实"情趣课堂"、打造"情趣课程"、丰富"情趣美术节"、开启"情趣赛事"、繁荣"情趣社团"这五方面入手,引导孩子产生对美术学习的持久兴趣,形成基本的美术素养。

一、建构"情趣课堂",提升课程实施品质

"情趣课堂"是让孩子感受美、发现美、体验美、创造美的课堂。"情趣课堂"丰富孩子的美学知识,培养其审美意识,提高其审美水平。在教学过程中,丰富多彩的教学内容,新颖有趣的教学过程和教学方法是落实"情趣课堂"的关键所在。

(一)"情趣课堂"的实践与操作

"情趣课堂"要整合课程资源,精选教育内容。整合学校资源、自然资源、社会资源和网络资源,开发有利于丰富"情趣课堂"的内容,提高美术教学的效益,突出"情趣课堂"的特色。在美术学习的过程中融入创新精神和实践能力的培养,培养孩子的美术兴趣,发挥孩子的主体作用。

"情趣课堂"要采用多样灵活的教学方法。积极探索有效教学的方法,改革教学内容和教学方法。根据美术教育的规律和孩子生理、心理发展的特点,结合实际情况创造性地组织教学。在教学过程中,通过对教学目标、教学情境、信息资源、探究学习、自主学习、合作学习、练习活动、学习评价等方面的精心谋划和设计,增加美术教学效果。

"情趣课堂"要营造激发创新精神的学习氛围。课堂上要设置问题情境,引导孩子进行观察、想象和表现等活动,鼓励孩子独立思考,发现问题,形成创意,并运用美术语言和多种媒材创造性地加以表达,解决问题。遵循孩子的成长规律、审美规律和美术

---

① 中华人民共和国教育部.义务教育艺术课程标准(2022年版)[S].北京:北京师范大学出版社,2022:111.

学习规律,有效利用各种美术课程资源,向孩子提供感悟美术作品的机会,引导孩子通过观察、体验、分析、比较、联想、鉴别、判断等方法,积极开展探究、讨论和交流,鼓励他们充分发表感受与认识,努力提高他们的审美品位和审美判断水平。

"情趣课堂"要运用各种生动有趣的教学手段。灵活运用影像、范画以及故事、游戏、音乐、参观、访问、旅游等方式,增强孩子对形象的感受能力与想象能力,激发他们学习美术的兴趣,促进每个孩子在原有基础上的进步。根据孩子的学习需求,开展计算机和网络美术教学,鼓励他们主动检索美术信息,利用数码相机和计算机创作美术作品,互动交流。

"情趣课堂"要培养良好的情感态度和价值观。引导孩子关注自然环境和社会生活。通过观察、体验、构思、描绘、塑造、设计和制作等美术教学活动,引导孩子关注自然环境和社会生活,培养孩子亲近自然、融入社会、关爱生命的情感态度与行为习惯,使他们逐渐形成环境意识、社会意识和生命意识。在具体的美术教学活动中,有意识地培养孩子健康乐观的心态和持之以恒的学习精神,使他们充满自信地参与美术学习。

(二)"情趣课堂"的评价标准

通过美术课堂教学评价,可以让教师对教学活动进行有效的调控,不断总结积累教学经验,进行教学研究,还可以帮助教师改进课堂教学,提高教学水平,促进孩子全面发展。"情趣课堂"评价主要从教学目标、教学内容、教学过程、教学效果、教师素质、教学特色这六个方面进行评定。"情趣课堂"评价细则如下(见表5-4-1)。

表5-4-1 "情趣课堂"评价细目表

年级		科目		讲课人		
课题				时间		
项目及分值	评价内容及标准			分值	得分	合计
教学目标 10分	1. 符合课标要求,体现知识与技能,过程与方法,情感态度与价值观等要求。			6		
	2. 明确、具体、准确,具有操作性。			4		

续 表

项目及分值	评价内容及标准	分值	得分	合计
教学内容 10分	1. 教材处理得当,教学重、难点突出。	4		
	2. 课时划分合理,课程容量适度。	3		
	3. 能够结合实际和学科特点,渗透情感、态度、价值观教育。	3		
教学过程 40分	1. 能够依据课程特点,提出具体问题,激发孩子的求知欲望,促使孩子自学教材。	5		
	2. 能够创设师生平等交流、生生合作互动的学习氛围。	10		
	3. 能够面向全体,关注个性差异,并注重优生培养和待优生转化。	5		
	4. 能够体现教师释疑过程,能突出重点,突破难点,并且有适当的拓宽和延伸。	10		
	5. 及时组织课堂训练(或落实),反馈学习效果,提高课堂效率。	5		
	6. 根据学科特点和教学内容,灵活选用教学方法,科学有序地组织开展教学活动。	5		
教学效果 20分	1. 基本实现课时目标,多数孩子能够完成作业,不同的孩子都能得到不同的发展。	5		
	2. 孩子主动地参与学习活动,相互合作、共同探究学习问题,乐于交流分享成绩。	5		
	3. 课堂气氛宽松,师生精神饱满,孩子参与面广,能够体验学习和成功的愉悦。	5		
	4. 孩子注意力集中,学习积极主动,与教师配合默契。	5		
教师素质 10分	1. 教学心理素质好,教态自然、亲切、大方庄重,具有较强的亲和力。	2		
	2. 语言标准规范,清晰准确,生动精练;讲解示范符合科学性、逻辑性、形象性、情感性强。	2		
	3. 字迹工整美观,条理清楚;重点突出,布局合理。	2		
	4. 能根据实际需要,恰当运用现代教育技术或其他教学手段辅助教学;能开发、利用教学资源提高教学效益。	2		

续 表

项目及分值	评价内容及标准	分值	得分	合计
	5. 灵活运用教材,驾驭现场能力强,应变自如。	2		
教学特色 10 分	1. 能够渗透先进的教育理念,能够贯穿先进的教育方法。	5		
	2. 具有较为明显的教学风格,在某些方面具有创造性。	5		
评价人		合计		

二、开展"情趣赛事",丰富美育内容

开展美育赛事,可以引导孩子树立正确的审美标准,培养健康的审美趣味,扩大欣赏视野,提高审美能力,培养孩子的文化、文艺才能,鼓励孩子学会创造美。"情趣赛事"是我校美术课程实施的重要途径,开展各项赛事可以活跃学校的学习氛围,丰富孩子的课余生活,培养孩子的生活兴趣及竞争意识,增强孩子们自主管理的能力及创造力。

(一)"情趣赛事"的活动设计

"情趣赛事"是形式多样、内容丰富的赛事,以激发孩子的创造力和想象能力为主。为此,我校设计了以下赛事(见表 5-4-2)。

表 5-4-2 "情趣赛事"类型表

赛事项目	赛事内容
科幻画	1. 内容生动、有趣,体现未来时代感。 2. 画面干净,具有创意。赛事形式:(1)以班级为单位各派出 2 名选手出赛,比赛按"低、中、高"年级组进行评比。(2)每组评选出一等奖 1 名、二等奖 2 名、三等奖 3 名。
美丽羊城	1. 内容为广州的风貌。 2. 体现广州的发展历程和新时代广州的发展。赛事形式:(1)以班级为单位按"低、中、高"年级组进行比赛。(2)每组评选出一等奖 1 名、二等奖 1 名、三等奖 2 名。

续 表

赛事项目	赛 事 内 容
主题手抄报	1. 版面整洁、内容丰富。 2. 图文并茂、晒出个人风采。赛事形式：(1)展板按"低、中、高"年级组进行评比。(2)优秀作品进行展示、分享。

(二)"情趣赛事"的评价要求

在"情趣赛事"系列活动中,我们注重对赛事的组织、过程、感受等方面的评价,凸显全面评价。具体如下表(见表5-4-3)。

表5-4-3 "情趣赛事"评价表

指标权重	评 价 要 求	得分
比赛意义 15分	1. 增强孩子学习美术的兴趣。 2. 提升孩子们的审美品位、创新水平。 3. 注重美术与生活的联系,发展孩子的观察能力、想象能力。	
比赛内容 20分	1. 难易适度,符合孩子的年龄特征。 2. 体现对视觉形象的理解和创造。 3. 具有实践性、人文性,能发展想象能力,关注生活。	
比赛形式 20分	1. 各年级比赛形式多样,符合该年级孩子的特点和兴趣。 2. 面向全体孩子,充分发挥每个人的主体性和创造性。	
比赛过程 20分	1. 孩子积极参与,主体作用发挥得好。 2. 各种能力增长,遵循循序渐进。 3. 教师管理有方,孩子活动有序。	
比赛效果 25分	1. 让孩子自由表现,大胆创造,形成创意。 2. 发展孩子的综合实践能力和探究能力。 3. 丰富孩子的视觉、触觉和审美经验。	
优:100—90分	良:89—70分　　合格:69—60分　　待合格:60分以下	总分:

三、繁荣"情趣社团",点燃美术学习的兴趣

"情趣社团"是美术学习实践的重要组成部分,是孩子交流美术的空间、展示自我的平台。

(一)"情趣社团"的主要类型

为大大地激发孩子学习美术的兴趣,使孩子在社团活动中感受到角色的转化,体验成功的喜悦,使孩子得到全面的发展,真正让美术活了起来,让孩子在生活中感受到浓浓的美术氛围,我校设置了以下"情趣社团"课程(见表5-4-4)。

表5-4-4 "情趣社团"类型表

类型	内 容
纸浆画	1. 认识并了解纸浆画,能大胆运用彩色纸浆装饰画面。 2. 初步尝试运用镊子和小棒来制作纸浆画。 3. 乐于尝试用新方法作画,感受纸浆画的美。 4. 制作立体浮雕式的纸浆画,对三维绘画产生兴趣。
剪纸	1. 认识剪纸艺术。 2. 欣赏剪纸作品,感受剪纸作品的对称美。 3. 学习剪纸技法,掌握基本的剪纸知识和技能。 4. 体验剪纸的过程,能独立完成作品。
素描	1. 认识素描工具与材料。 2. 体验以线条为主的(圆、方、柱、多面体等)表现方法。 3. 运用速写方式记录事物的形体、比例、透视、细节。 4. 养成正确的写生姿势,能主动克服绘画中的困难,独立完成作品,对绘画的基本理论有所认识。
陶艺	1. 了解陶泥的基本特性,认识陶艺制作的基本工具和使用方法。 2. 学习陶艺制作方法,实际体验陶艺制作的基本技法,感受玩"泥巴"的乐趣。

(二)"情趣社团"评价

为了促进孩子的全面发展,培养孩子的审美能力和审美情趣,让孩子们用美的眼

光去发现身边的好情趣,本科采用的是持续性的评价(见表5-4-5)。

表5-4-5 "情趣社团"评价表

指标权重	评价要求	得分
社团建设 20分	1. 制度完善,年度工作计划、总结、活动材料齐全。 2. 社团与校园文化联系紧密,开展教学、教课等日常性活动。 3. 社团与挂靠单位及指导老师联系紧密。	
社团内容 20分	1. 难易适度,符合孩子的年龄特征。 2. 能通过多种媒介进行美术创作。 3. 准备符合孩子认知水平的美术作品供其欣赏,引导孩子评析他人的作品	
社团实施 30分	1. 遵守《学生社团管理办法》及其他有关规定。 2. 完成社联布置的任务。 3. 社团相关负责人员能参与学校组织的各类活动和会议。 4. 有专门的教师或专家指导。 5. 每次活动结束后都有相应的总结、反馈、评价。	
成果展示 30分	1. 积极参加由学校举办的大型活动或晚会。 2. 承办全校性活动。	
优:100—90分	良:89—70分　　合格:69—60分　　待合格:60分以下	总分:

四、建设"情趣课程",丰富美术课程内容

"情趣课程"是以对视觉形象的感知、理解和创造为特征,凸显视觉性,具有实践性,追求人文性,以及强调愉悦性的课程。走进"情趣艺术",打造"情趣课程",究清美术的内涵本质。"情趣课程"让孩子在感兴趣的前提下欣赏美、感悟美、发挥想象创造美,是学校进行美育的重要途径。

(一)"情趣课程"的实践与操作

"情趣课程"要聚焦素养。美术课程以习近平新时代中国特色社会主义思想为指

导,以落实核心素养为主线,引导学生积极参与各类艺术活动,感受美、欣赏美、表现美、创造美,丰富审美体验,学习和领会中华民族艺术精髓,增强中华民族自信心与自豪感,了解世界文化的多样性,开阔艺术视野。充分发挥艺术课程在培育学生审美和人文素养中的重要作用。[1]

"情趣课程"要联系生活。美术是人类文化的一个重要组成部分,与社会生活的方方面面有着千丝万缕的联系。通过"情趣课程",引导孩子了解人类文化的丰富性,在广泛的文化情境中认识美术的特征、美术表现的多样性以及美术对社会生活的独特贡献,并逐步形成热爱祖国优秀传统文化和尊重世界文化的多样性的价值观。教师要引导孩子关注自然环境和社会生活,培养孩子亲近自然、融入社会、关爱生命的情感态度和行为习惯,使他们逐渐形成环境意识、社会意识和生命意识。

"情趣课程"必须活用资源。美术课程资源主要包括学校资源、自然资源、社会资源和网络资源。教师可以利用美术教学的图书和影像资源,拓展校外美术教学的资源,开发和利用网络美术教学资源,充分利用自然和社会文化资源,并积极开发地方美术课程资源。美术课程资源的开发有利于丰富美术教学的内容,提高美术教学的效益,突出美术教育的特色。

"情趣课程"要注重应用。生活是一种艺术,艺术不能无土栽培,必须要在生活这个土壤中生长,而真正的艺术教育必须适应生活,回归生活。因此在"情趣课程"教学中,首先要创设生活化的教学情境,调动孩子的学习热情,其次,要注重课堂与实际生活相结合进行教学,最后,艺术来源于生活,同时又要回归生活,因此教学中要注重培养孩子综合运用美术的能力,让孩子将美术学科与其他学科融会贯通,提高综合解决问题的水平。

(二)"情趣课程"评价要求

在设计"情趣课程"的评价要求时,我们分别从课程的理念、设计、实施以及评价这几点出发,进行全面评价(见表5-4-6)。

---

[1] 中华人民共和国教育部.义务教育艺术课程标准(2022年版)[S].北京:北京师范大学出版社,2022:2.

表 5－4－6 "情趣课程"评价细目表

项目	评 价 内 容	评价等级 （A B C D）
课程 理念	1. 符合国家课程标准要求。 2. 根据孩子的身心发展状况设计。 3. 注重学科的融合和创新。	
课程 设计	1. 课程框架清晰，目标明确。 2. 课程内容层次分明，注重课程的横向与纵向的发展。 3. 课程内容贴近孩子的生活，激发孩子的好奇心。 4. 培养孩子的美术素养。	
课程 实施	1. 根据教学参考书和课程要求备课。 2. 在课程实施的过程中以孩子为主体，教师起主导作用。 3. 激发孩子学习美术的兴趣和热情。	
课程 评价	1. 评价主体多元化，形成"学校、家长、孩子"三位一体的评价主体。 2. 评价可操作性强、方法科学。 3. 关注孩子的个体差异，在评价过程中注重发展性评价与激励性评价。	
总评		

五、做活"情趣美术节"，增添美术课程活力

"情趣美术节"旨在大大地激发孩子学习美术的兴趣，使孩子在艺术节活动中感受到角色的转化，体验成功的喜悦，使孩子得到全面的发展，真正让美术活起来，让孩子在生活中感受到浓浓的美术氛围。

（一）"情趣美术节"的课程安排

根据美术学习特点，"情趣美术节"课程安排如下（见表 5－4－7）。

表 5-4-7 "情趣美术节"课程安排表

时间	课程	实施
1月	一年之始	制作新年贺卡
2月	团圆的节日	做手工灯笼
3月	美的节日	做"妈妈我爱你"主题贺卡
4月	创意彩绘	用多彩的颜色绘出美术作品
5月	最光荣的人	用画记录身边的劳动者
6月	可爱的你我他	画儿童漫画
8月	绿之风采	画出军人的故事
9月	老师您好	设计贺卡,送祝福
10月	祖国妈妈我爱你	制作国旗
11月	邂逅素描	画出素描作品
12月	百变手工	剪纸、彩泥或拓印等手工创作

(二)"情趣美术节"的评价要求

课程评价是保证节日课程活动正常进行的必要手段,为加强孩子的综合能力,让充分发挥评价的激励和导向功能,努力形成一套符合孩子实际的、操作性强的,科学、合理的节日课程活动评价体系。"情趣美术节"评价细则如下(见表 5-4-8)。

表 5-4-8 "情趣美术节"评价细目表

评价项目	项目评价要点	分值	得分
主题	是否主题突出、鲜明,条理清晰。	30分	
形式	是否有所创新、丰富多样、孩子喜闻乐见。	20分	
过程	是否孩子热情参与,主体作用发挥得好;教师引领孩子有方,指导有度。	20分	

续表

评价项目	项目评价要点	分值	得分
小组合作程度	小组学习过程中各成员是否配合默契。	10分	
作品	是否能创作出好的作品,符合艺术审美的、创新的作品。	20分	
总得分	等级	100分	
亮点		建议	
说明:A(100—85分),B(84—70分),C(69—60分),D(60分以下)			

综上所述,"情趣美术"的开展以坚持"情趣课堂""情趣课程""情趣美术节""情趣社团""情趣赛事"的实施为指导原则。

学习"情趣美术"课程,有利于培养孩子感受现实美和艺术美的能力,使孩子具有理解和欣赏现实美和艺术美的知识与能力;使他们形成对于美和艺术的爱好。在课程开发的道路上,我们会时时更新理念,逐渐完善"情趣美术"课程。

(撰稿者:詹凤龄　陈晓琳)

第六章
开心体育:愉悦身心的体育

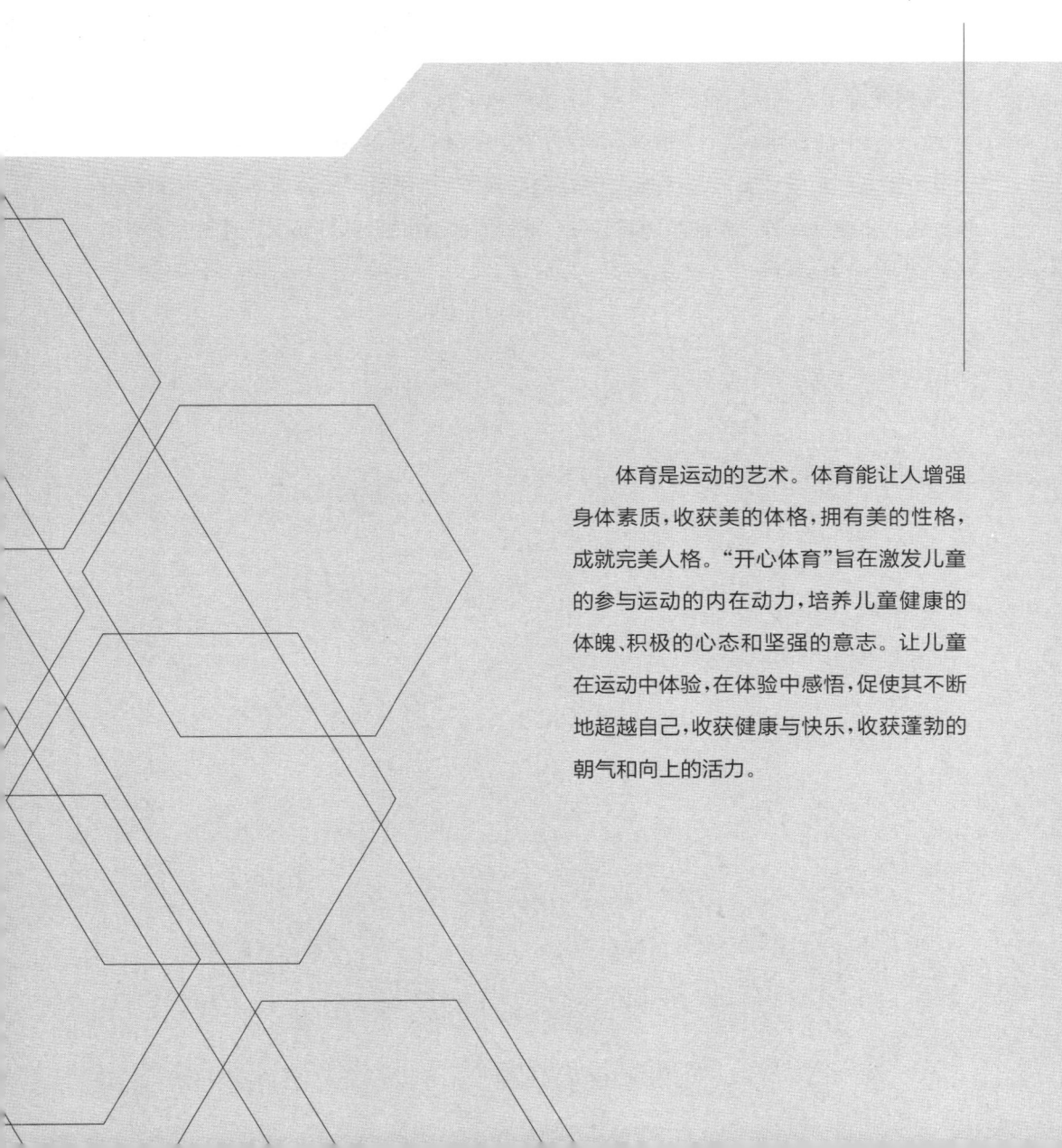

体育是运动的艺术。体育能让人增强身体素质,收获美的体格,拥有美的性格,成就完美人格。"开心体育"旨在激发儿童的参与运动的内在动力,培养儿童健康的体魄、积极的心态和坚强的意志。让儿童在运动中体验,在体验中感悟,促使其不断地超越自己,收获健康与快乐,收获蓬勃的朝气和向上的活力。

广州市黄埔区夏园小学体育科组,拥有2位优秀的体育教师,承担一年级到六年级共12个班级的体育教学工作。从学历结构上看,具备本科及以上学历的教师有1人,专科教师1人。从职称结构上看,中级教师1人,初级教师1人。从年龄结构上看,50岁以上的教师1人,占50%;40岁以下的教师1人,占50%;平均年龄42岁。他们具有丰富的教学经验,认真扎实地开展教学研究,是保障学校各项体育工作顺利开展的核心力量。体育科组的教师都有各自擅长的活动主题,都形成了各具特色的教学风格,在教学方面取得了一定成果。

第一节　让儿童蓬勃生长的体育

一、学科价值观

《义务教育体育与健康课程标准(2022年版)》明确指出:"义务教育体育与健康课程是以身体练习为主要手段,以体育与健康知识、技能和方法为主要学习内容,以发展学生核心素养和增进学生身心健康为主要目的。具有基础性、健身性、实践性和综合性等特点,是学校教育的重要组成部分,对促进学生德智体美劳全面发展具有非常重要的价值。"[1]基于以上认识,我们学校体育科组认为:体育学科的核心价值是激发儿童的内在动力和对体育锻炼的兴趣,促进儿童的身体健康发育和心理健康发展,为儿童终身体育奠定基础。

二、学科课程理念

依据《义务教育体育与健康课程标准(2022年版)》文件精神,结合我校近年来开展体育活动的实际情况,为了使儿童在体育课堂中进一步感受运动的乐趣,全面提高儿童的体能和心理素质,现提出我校体育学科的课程理念为"开心体育"。进入21世纪以来,新的生产和生活方式导致人们的体力活动减少、心理压力增大,对国民健康造成了一定的负面影响,"开心体育"对于提高儿童的健康素质具有重要而深远的意义。"开心体育"不仅要求让儿童掌握体育知识和技能,而且要求通过身体锻炼和各种辅助形式,培养儿童良好的行为规范和运动习惯,发掘儿童的运动潜能,引导儿童找到适合自己的运动方式,塑造儿童积极乐观的良好心态,帮助每一个孩子开心健康地成长。

(一)"开心体育"是健康的体育

《义务教育体育与健康课程标准(2022年版)》指出:体育与健康课程以习近平新

---

[1] 中华人民共和国教育部.义务教育体育与健康课程标准(2022年版)[S].北京:北京师范大学出版社,2022:1.

时代中国特色社会主义思想为指导,全面贯彻党的教育方针,落实立德树人任务,坚持"健康第一"的教育理念。① 在体育课堂上,积极开展体育练习,传授运动技能和方法,保证儿童达到适宜的运动负荷,使儿童的各项身体机能得到锻炼;同时融合健康安全知识教育,培养儿童的健康意识和行为,引导儿童在运动中释放学习压力和不良情绪,改善心理健康,实现全体儿童"身心健康、体魄强健、意志坚强"。

(二)"开心体育"是快乐的体育

"开心体育"让儿童成为体育活动的主体,全身心参与运动并乐此不疲。尊重儿童的运动需求,联系儿童已有的运动经验和生活经验,在课程内容的选择和设计上,以儿童喜闻乐见的运动项目为重点,在基本的练习中融入游戏教学的内容和方法,营造活泼热烈、开心和谐的体育课堂氛围,激发儿童的运动兴趣,调动儿童学习的积极性。

(三)"开心体育"是享受的体育

"开心体育"引导儿童在共同协作的集体活动中学会分享,在互相竞争的比赛中获得成功的体验,同时学会欣赏体育的力和美,领略体育运动的激情,重视儿童在运动中对自我的肯定、对生命的理解、对生活的热爱,使其感受自我价值提升带来的精神愉悦感。

(四)"开心体育"是个性的体育

"开心体育"尊重和关注每一个儿童,针对不同性别、不同年龄段的儿童实施差异化教学,开设体育社团、举办体育赛事、创新体育项目,让儿童能够自主选择喜爱和感兴趣的体育项目进行身体锻炼,最大限度地发掘儿童的体育潜能。

总之,只有以儿童的健康成长为重心,构建"开心体育"特色课程,打造系统、规范、科学的体育特色品质课堂与系列活动,引领儿童全身心地参与和实践,促使儿童健康快乐地发展,才会于云淡风轻中助推每一个孩子走向丰富和灿烂的体育世界。

---

① 中华人民共和国教育部.义务教育体育与健康课程标准(2022年版)[S].北京:北京师范大学出版社,2022:2.

第二节　让体育助力儿童身心健康发展

确立学科课程目标是建构学校体育课程体系的基础。为此,我们依据《义务教育体育与健康课程标准(2022年版)》和学校实际确立体育课程目标。

一、学科课程总体目标

《义务教育体育与健康课程标准(2022年版)》明确了课程总目标:一是要掌握与运用体能和运动技能,提高运动能力;二是要学会运用健康与安全的知识和技能,形成健康的生活方式;三是要积极参与体育活动,养成良好的体育品德。[①] 为了实现这一总目标,我们着力于培养儿童掌握基础知识、基本技能与方法,使其增强体能,同时学会学习和锻炼,发展体育与健康实践和创新能力,体验运动的乐趣和成就感,养成进行体育锻炼的习惯。我校体育学科课程目标如下。

(一) 积极参与体育运动

积极参与体育活动是指儿童参与体育学习和锻炼的态度及行为表现,是儿童习得体育知识、技能和方法,锻炼身体和提高健康水平,形成积极的体育行为和乐观开朗的人生态度的实践要求和重要途径。我校课程强调通过丰富多彩的体育活动、形式多样的开心赛事,引导儿童体验运动的乐趣,激发、培养儿童的运动兴趣和参与意识。

(二) 掌握运动技能

运动技能是指儿童在体育学习和锻炼中完成运动动作的能力,它反映了体育与健康课程以身体练习为主要手段的基本特征,是课程学习的重要内容和实现其他方面目标的主要途径。我校注重体育游戏学习,发展儿童的基本运动能力。

(三) 培养健康的身体

身体健康是指人的体能良好、机能正常和精力充沛的状态,与体育锻炼、营养状况和行为习惯密切相关。我校课程强调引导儿童努力学习和锻炼,全面发展体能,增强

---

① 中华人民共和国教育部.义务教育体育与健康课程标准(2022年版)[S].北京:北京师范大学出版社,2022:6-7.

适应环境变化的能力,形成关注自身健康的意识和行为。

（四）心理健康和社会适应

心理健康与社会适应是指个体自我感觉良好以及与社会和谐相处的状态与过程,与体育学习和锻炼、身体健康密切相关。我校课程十分重视培养儿童的自信心、坚强的意志品质、良好的体育道德、合作精神与公平竞争的意识,帮助儿童掌握调节情绪和与人交往的方法。

二、学科课程年段目标

《义务教育体育与健康课程标准(2022年版)》中明确指出各年段儿童的阶段目标,结合学校"开心体育"课程总体目标以及不同年龄阶段儿童的身心发展特点,我们制定了分学段课程目标,这里以三年级为例(见表6-2-1)。

表6-2-1　黄埔区夏园小学"开心体育"三年级单元目标表

学期 单元	上学期目标	下学期目标
第一单元	共同目标 1. 让儿童知道运动前后饮食卫生的重要性以及运动前后不当的饮食行为会引起的身体不良反应。 2. 让儿童知道体育运动的好处,了解体育运动的一些安全常识。 校本目标 督促儿童养成坚持锻炼的良好习惯。	共同目标 让儿童知道正确的读书写字姿势有利于保护视力,预防近视。 校本目标 利用口令帮助儿童形成"头正身直脚放平"的正确坐姿。
第二单元	共同目标 1. 进行50米快速跑的练习。 2. 进行300—400米耐久跑练习,掌握好呼吸节奏,步幅均匀。 3. 进行立定跳远练习,动作舒展、协调。 4. 进行急行跳远练习,自然助跑,有力踏跳,学会缓冲落地。	共同目标 1. 进行迎面接力跑比赛,遵守比赛相关规则。 2. 进行20—30米障碍跑(通过2—3个障碍物)练习。 3. 进行发展快速跑能力的练习及游戏(叫号跑、追逐跑等),练习要有趣味

续 表

学期 单元	上学期目标	下学期目标
	5. 进行原地投掷沙包（或垒球）练习，做到蹬地、转体、快速挥臂。 校本目标 1. 了解田径运动的起源和发展。 2. 建立短跑和长跑的概念。	性，避免枯燥。 4. 进行发展跳的能力的练习与游戏（跳火车、助跑触高物、快快跳起来等）。 5. 进行发展投掷能力的练习与游戏（击木桩、对墙掷球反弹比远比赛、投掷固定目标比赛等）。 校本目标 1. 学习奥林匹克的相关知识。 2. 进行跑步的辅助练习。
第三单元	共同目标 1. 进行队列练习（报数、二路纵队左右转弯走、跑步与立定）。 2. 进行基本部位操练习。 3. 进行前滚翻练习，做到两脚蹬伸，滚动圆滑。 4. 进行发展前滚翻能力的练习与游戏（蹲撑前滚翻、钻圈前滚翻游戏、越过低障碍物前滚翻等）。 5. 进行支撑跳跃练习，跳上成跪撑后向前跳下（跳箱高 30—50 厘米）。 校本目标 1. 进行大课间基本队列的站位训练。 2. 掌握滚翻的动作方法，以及保护和帮助的方法。	共同目标 1. 进行体操队形练习（队形变换、错肩走）。 2. 进行跳短绳练习，学会单脚交换跳。 3. 进行跪跳起练习，做到摆臂制动提腰，压垫提膝收腿快。 4. 进行发展支撑能力的练习与游戏（低单杠、双杠支撑和移动、不同方式的手倒立、蚂蚁搬家游戏、"推小车"游戏）。 5. 进行韵律活动，做到动作规范、标准，有节奏感。 校本目标 1. 进行大课间基本队列的变换训练。 2. 通过多种游戏发展体育技能。 3. 能根据歌曲创编韵律操。
第四单元	共同目标 1. 进行篮球球感练习。 2. 进行原地运球练习。 3. 进行行进间运球练习。 4. 进行发展篮球活动能力的练习与游戏（S形运球接力比赛）。 5. 学习握拍方法、准备姿势和击球部位。	共同目标 1. 进行足球球感练习。 2. 学习脚内侧、脚背正面踢球。 3. 学习脚内侧、脚底接地滚球。 4. 进行发展足球运动能力的练习与游戏（打"保龄球"比赛、踢球比准比赛）。

续 表

学期 单元	上学期目标	下学期目标
	校本目标 1. 分组练习双人、多人传接球，培养儿童的团队合作意识。 2. 学习乒乓球握拍方法、准备姿势和击球部位。	5. 进行发展乒乓球活动能力的练习和游戏（报数颠球、颠球运球接力比赛）。 校本目标 1. 通过足球活动发展儿童的奔跑能力、耐力、速度和身体素质。 2. 通过乒乓球活动发展儿童的平衡能力。
第五单元	共同目标 1. 学习武术基本功：正踢腿、侧踢腿。 2. 学习武术基本动作：弹踢、摆掌、撩掌。 校本目标 1. 了解武术对于塑造身形的重要意义。 2. 发展儿童的上、下肢力量和爆发力。	共同目标 学习武术组合动作：摆掌撩掌类，上步搂手马步击掌-弓步双摆掌-弓步钩手撩掌-弹踢推掌-马步击掌。 校本目标 1. 能够连贯完成武术动作，有眼神和动作的配合。 2. 尝试组合造型动作的创编，提高想象力和实践运用的能力。
第六单元	共同目标 1. 学习民族民间体育活动：踩高跷。 2. 学习民族民间体育活动：抢花炮。 校本目标 了解少数民族的体育活动摔跤、赛马、射箭。	共同目标 1. 学习民族民间体育活动：竹竿舞。 2. 学习民族民间体育活动：抖空竹。 校本目标 学会分享自己了解到的民间活动，并尝试说出游戏规则。
第七单元	共同目标 陆上蛙泳腿部、手臂动作练习。 校本目标 了解蛙泳的基本知识。	共同目标 1. 进行熟悉水性的练习（复习水中行走、呼吸练习、漂浮练习）。 2. 持浮板在水中学习蛙泳腿部、手臂动作，做到完整蛙泳动作练习。 校本目标 了解竞技游泳中的蛙泳及其出发转身技术。

我校将秉承"开心体育"的学科理念，围绕以上课程目标，发展儿童的学科核心素养，培养身心健康全面发展的儿童。

第三节　轻松愉悦而充满挑战的体育

基于《义务教育体育与健康课程标准(2022年版)》和"开心体育"的课程理念,为了夯实和强化基础课程,创建形式多样和方式灵活的体育课堂,全方位提升儿童的整体身体素质,促进个性化发展,我校构建了"开心体育"课程体系。

一、学科课程结构

《义务教育体育与健康课程标准(2022年版)》指出:"体育与健康课程要培养的核心素养,主要是指学生通过体育与健康课程学习而逐步形成的正确价值观、必备品格和关键能力,包括运动能力、健康行为和体育品德等方面。"[①]围绕体育与健康课程要培养的核心素养,我们设置了"开心参与、开心运动、开心健身、开心适应"四个维度。我校"开心体育"课程群结构如下(见图6-3-1)。

(一) 开心参与

"开心参与"的内容是儿童参加的各种体能校本活动。在课程的实施中,让儿童充分发挥出自己的主观能动性,投入身心去体会运动乐趣,激发、培养儿童的运动兴趣和参与意识。

(二) 开心运动

"开心运动"的内容为跳绳、篮球、长短跑、徒手操等项目的技能学习,是指一种在玩中学的运动形式,旨在通过丰富多彩的体育项目,营造轻松、愉悦的互动氛围,促进儿童在体育学习和锻炼中较好地完成运动任务的能力。

(三) 开心健身

"开心健身"的内容是以游戏形式为主的运动锻炼,旨在通过多种途径使儿童在一个轻松、开心、有趣的情境下进行身体素质锻炼,在学中玩。与过往的比较单一、统一的上课形式相比,是让儿童更加乐于接受所教授的知识并全身心投入的一种方式。

---

① 中华人民共和国教育部.义务教育体育与健康课程标准(2022年版)[S].北京:北京师范大学出版社,2022:5.

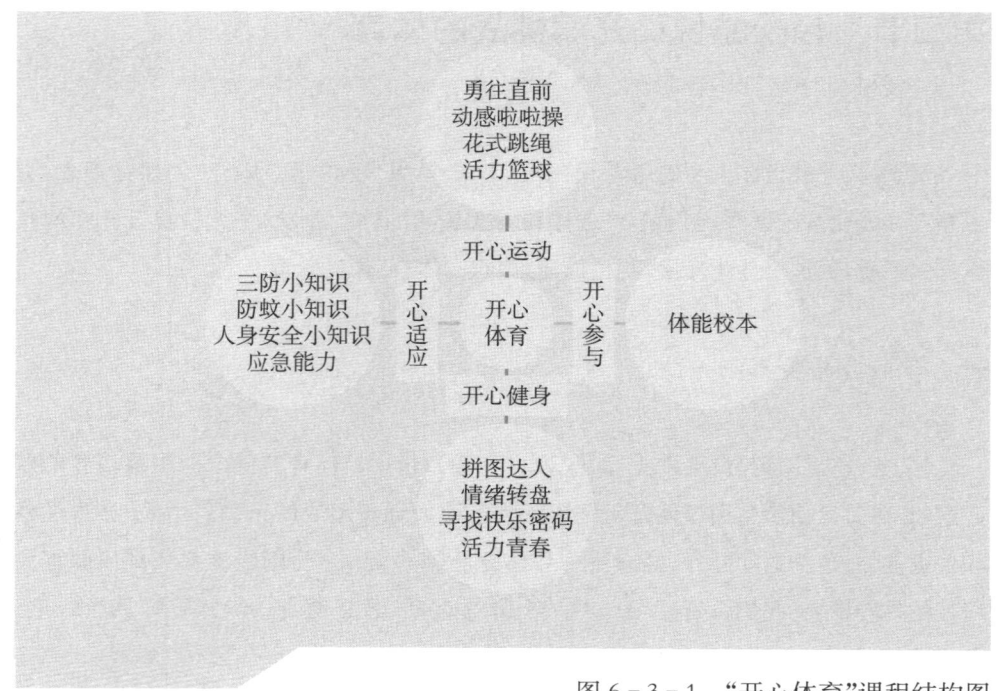

```
                    勇往直前
                    动感啦啦操
                    花式跳绳
                    活力篮球
                       │
                    开心运动
     三防小知识   开心   ┃   开心
     防蚊小知识   适 ─ 开心 ─ 参     体能校本
     人身安全小知识 应   体育   与
     应急能力          ┃
                    开心健身
                       │
                    拼图达人
                    情绪转盘
                    寻找快乐密码
                    活力青春
```

图6-3-1 "开心体育"课程结构图

（四）开心适应

"开心适应"的内容为儿童疾病预防课和安全课堂等。通过多媒体多角度展示相关知识，通过师生间的互动，运用多种途径让儿童在学习中发现关于安全和预防疾病的知识点，增强适应环境变化的能力，养成关注自身健康的意识和培养良好的生活行为习惯。

二、学科课程设置

我校将自编体育校本教材纳入基础课程范畴，现对学校体育学科课程进行系统构建，具体如下（见表6-3-1）。

表6-3-1 "开心体育"课程群课程设置表

年级		课程 开心参与	开心运动	开心适应	开心健身
一年级	上学期	体能校本	勇往直前	拼图达人	三防小知识
	下学期		别开绳面	龙头龙尾	
二年级	上学期	体能校本	动感啦啦操	情绪转盘	人身安全小知识
	下学期		捷足先登		
三年级	上学期	体能校本	戏耍篮球	想象的翅膀	防蚊小知识
	下学期		花式跳绳		
四年级	上学期	体能校本	活力篮球	寻找快乐密码	应急能力
	下学期				
五年级	上学期	体能校本	青出于蓝	认识自我	交通法规我遵守
	下学期		花样跳绳		
六年级	上学期	体能校本	金绳雅韵	活力青春	毒蛇咬伤的防与治
	下学期		掌控篮球		

第四节　在阳光下享受体育的乐趣

《义务教育体育与健康课程标准（2022年版）》在实施建议部分指出：体育与健康课程教学是教师广泛运用各种资源，选择有效教学内容，采用多样化教学方法，指导学生在面对问题、解决问题的真实情境中形成核心素养的实践活动。教师应依据核心素养的内涵、课程总目标与水平目标、课程内容、学业质量，创造性地设计教学和实施课程。①

我校专职体育教师均为科班体育学专业出身，为了提高体育与健康课程的质量，我校体育教师加强有关体育的理论学习，提高自身的理论素养；借鉴国内外开设类似课程的先行经验，包括体育工作中的一些成功做法；通过学术交流和教学观摩，潜心体会他人的有效经验；自己在课程设计及教育实践中勇于创新、不断反思、不断积累。体育与健康课程是一门兼具专业性、实践性和综合性的课程，我们反对把体育教育变成一种单纯传授技能、脱离儿童生活实际的学科，提倡以活动课程的形式开展体育教育。体育教育课程特别注重内容的开放性、实践性、亲历性、活动性、体验性，重视儿童的"体验、参与、成长"。体育学科通过打造"开心课堂"、构建"开心课程"、创设"开心大课间"、举办"开心赛事"、建设"开心社团"这五种路径丰富儿童的体育学习经历。

一、打造"开心课堂"，彰显体育课程魅力

"开心课堂"是在"追寻体育的快乐，感受健康的魅力"课程理念下建立的特色课堂。"开心课堂"是注重儿童活动体验的、开放式的、动态的课堂，是真正体现儿童主体性的课堂，具有快乐、健康、积极、充实、超越自我的特点。我们坚持以教育科研为先导，以课例为载体，以观评课为抓手，根据学校实际情况和不同年龄阶段儿童的身心发展特点，教师在课堂上营造活动情境，激发儿童主动体验的热情，让儿童始终在和谐、愉悦的积极参与中，尽享成长的快乐与幸福。

---

① 中华人民共和国教育部.义务教育体育与健康课程标准（2022年版）[S].北京：北京师范大学出版社，2022：120.

(一)"开心课堂"的基本要求

"开心课堂"是快乐的课堂。教师设计活泼、有趣的教学环节,激发儿童参与运动的兴趣,引导儿童体验运动的乐趣。

"开心课堂"是健康的课堂。教学过程中,要科学地安排儿童的体能训练,增强儿童的体质,使其养成坚持锻炼的好习惯。

"开心课堂"是积极的课堂。教师关注每个儿童的特点,让儿童获得成功的体验,让他们敢运动、想运动、热爱运动。

"开心课堂"是充实的课堂。教学中要力求教学内容丰富,既要传授运动的基本技能,保证儿童的运动量,还要关注儿童的心理健康,并恰当地传授体育文化,促进儿童综合能力的全面发展。

"开心课堂"是超越的课堂。教师要善于发掘儿童的潜能和特长,为儿童创造展示自我的机会。

(二)"开心课堂"的评价要求

依据"追寻体育的快乐,感受健康的魅力"的学科内涵,我们设计了"开心课堂"评价量表,以量化的方式对课堂进行评价。听评课后,由听课教师填写评价表交给执教教师,通过评价量化分数曲线图的绘制,记录教师体育课堂教学成长的过程(见表6-4-1)。

表6-4-1 夏园小学"开心课堂"评价量表

项目	评 价 指 标	分值	得分
教学目标 10分	符合课标要求和教材特点,符合儿童实际。	4	
	体现体育健康知识、基本技术、技能的传授,身心健康发展,思想品德、体育能力、方法及情感的培养(根据教学内容科学制定教学目标,有所侧重)。	6	
教学内容 15分	内容科学,符合课标要求。	4	
	符合儿童生理、心理、身体健康状况和实际体育水平,对运动项目进行教材化处理。	5	
	重点准确,难点突出。	6	

续 表

项目	评 价 指 标	分值	得分
教学过程 12 分	教学过程有序,严而不死,活而不乱。	4	
	教学步骤清晰,教学严谨,教、学、练有机结合,根据身体需要合理设计运动负荷(强度、密度)。	4	
	注重体育健康知识、锻炼方法的渗透和心理素质的培养。	4	
教学方法 20 分	既要面向全体,又要注意个体差异,因材施教。	4	
	根据教学内容,科学选择教学方式。	4	
	对儿童的学习及时给予恰当的评价和反馈。	4	
	指导儿童对学习方法的选择和运用,通过观察、讨论、比较、自我评价等方法,培养儿童的体育学习能力。	4	
	采用游戏和比赛的方法,培养儿童良好的心理品质和社会适应能力。	4	
教学能力 18 分	基本技能扎实,口令清晰,示范正确优美,保护、帮助得力。	6	
	教态自然,具有创设和谐教学氛围和教学情景的能力,能驾驭教学全过程,处理偶发事件,及时进行思想品德教育的能力。	6	
	重视师生间的交流互动,保持儿童的学习积极性等。	6	
教学效果 20 分	能完成教学目标,使儿童掌握知识、技术、技能,并受到思想、方法、心理素质方面的教育。	8	
	能使儿童主动参与教学活动,师生关系融洽,实效性强。	6	
	使儿童兴趣盎然,情绪高涨,细心地观察、模仿,刻苦锻炼,能与教师同学主动交流等。	6	
教学特色 5 分	体现先进教育思想。模式新颖、有创意,在发挥儿童主体作用,培养儿童创新精神和实践能力方面有突出表现。	3	
	对原有教材进行再加工、创新,具有地域性、民族性和民间性的特征。	2	
优:100—90 分	良:89—70 分	合格:69—60 分	待合格:60 分以下	总分:

二、建设"开心课程",丰富体育课程体系

"开心课程"旨在让儿童在轻松、自由环境中进行体育锻炼、愉悦身心,掌握基本的

体育知识和基本技能。而且通过"开心课程"的建设极大地丰富了学科体系架构,充实了学科内容。

(一)"开心课程"的实践操作

1. "开心课程"聚焦素养。关注儿童身心健康的发展需求,给予儿童系统、连贯的学习指导,在课堂上渗透体育文化和体育精神,培养儿童的团队合作能力和坚强果敢的意志。

2. "开心课程"联系生活。利用道具创设多样的游戏闯关情境,将教学内容情景化、故事化、趣味化,促使儿童在愉悦的氛围中,敞开心扉,锻炼身体,获得良好的运动情绪。

3. "开心课程"活用资源。结合本校传统粤剧特色,将粤剧的表演动作融入教学中,增强体育课的包容性,形成独特的体育文化,让儿童在舒展肢体的同时接受文化的熏陶,愉悦身心。

4. "开心课程"注重应用。儿童可以发挥主观能动性,展开想象,按照自己的兴趣爱好设计故事,设计运动项目。教师收集儿童的奇思妙想,再根据不同年级儿童身心发展的特点进行动作调整,最终应用于课堂教学。

(二)"开心课程"的评价标准

"开心课程"采用多角度的评价方式,多方面收集评价信息,准确反映课程的实施情况,促进儿童更好地"学"和教师更好地"教"(见表6-4-2)。

表6-4-2 "开心课程"评价细目表

项目	评 价 内 容	评价等级（优良中差）
课程理念	符合课程标准,能激发儿童参与体育锻炼的兴趣,提高儿童的体育素质,促进儿童的个性发展。	
课程目标	目标明确清晰,符合儿童实际;考虑儿童的阶段性发展,贯彻因材施教的原则。	
课程内容	教学框架清晰,能够以儿童为主体;活动设计合理,调控得当灵活;渗透"健康第一"的思想。	
课程评价	可操作性强,方法科学,具有激励性和制约作用。	

三、创设"开心大课间",推进体育文化课程的实施

学校结合"开心大课间",开展体育教育活动,让儿童在活动中锻炼身体,学习相关的体育技术动作,在身体锻炼过程中运用体育课上的相关知识,做到学以致用,并且借此活动以更饱满的精神状态参与体育课。

(一)"开心大课间"的主要类型

通过大课间活动推进学校体育工作的发展,帮助儿童树立终身锻炼的意识,将体育运动和体育文化相结合,培养儿童乐于合作、自信、勇敢、公平竞争等良好品质及团队精神,发展儿童特长,促进儿童在身体、心理及社会适应能力等方面的和谐发展,提高儿童团结合作、抵御挫折的意识和能力。课程类型如下(见表6-4-3)。

表6-4-3 "开心大课间"类型表

活动名称	活动内容	活动形式
广播体操	第三套《希望风帆》	年段间进行比赛
柔韧操	横竖叉	年段间进行比赛
扇操	粤剧特色扇操	年段间进行比赛
跳绳	1. 单人跳 2. 双人合作跳	年段间进行比赛
跑操	围绕操场跑步	年段间进行比赛
啦啦操	校自编啦啦操	年段间进行比赛

(二)"开心大课间"的评价方式

我校体育科组贯彻"追寻体育的快乐,感受健康的魅力"的理念,切实加强体育工作,让每一个儿童都能感受到运动的快乐,从而丰富校园生活,促进儿童身心健康和谐发展。体育科组从三个维度,即全面、动态、生成对"开心大课间"进行评价(见表6-4-4)。

表 6-4-4 "开心大课间"评价表

评价内容	评价标准	分值	得分
活动项目 30 分	活动设计合理科学、安排严谨,符合儿童的身心发展规律和季节环境。	10	
	内容丰富、设计有创意,能够体现本校特点和地域文化特色。	10	
	音乐选择符合儿童特点,适合活动编排,节奏优美欢快。	10	
活动实施 30 分	师生共同参与,教师指令清晰、示范正确、指挥得当。	10	
	大课间活动场地、器材充足,时间安排合理,保证半个小时的活动时间,不超时。	10	
	组织儿童有序进退场,儿童积极配合、全身心投入。	10	
活动效果 40 分	儿童运动量达到一定负荷,能够增强儿童体质,促进儿童健康成长。	15	
	儿童动作规范、到位、有力,节奏、韵律感强,具有美感、动感、力感,整齐划一,精神饱满。	15	
	儿童能感受到运动的乐趣,寓学于乐,寓练于乐。	10	

四、举办"开心赛事",发展体育精神

围绕课程目标,"开心赛事"主要是举办趣味运动会,设置亲子跳绳、颠乒乓球、赶"羊"回家、二人三足、拔河、25 米×2 往返接力跑等,通过丰富多彩的体育活动,营造生生、师生和家校的互动交流场域,促进儿童造就健康的体魄,体验运动的乐趣,全面发展体能和健身能力。推进符合我校体育实际的"开心赛事",着重抓好赛事相关工作。赛事所掀起的热潮,超越了课程本身,营造了积极向上的校园氛围。

(一)"开心赛事"的活动类型

"开心赛事"是体育学科课程建设的重要组成部分,开展趣味运动会可以活跃儿童的学习氛围,丰富儿童的课余生活,培养儿童的运动兴趣及参与意识。活动类型如下(见表 6-4-5)。

表6-4-5 "开心赛事"活动类型表

赛事名称	赛事要求	赛事形式
亲子跳绳	1. 儿童及该生的家长为1个家庭单位。 2. 儿童及该生的家长两人次数相加为最终成绩。	1. 分6个组别,每班限报5名男生、5名女生和该生家长,儿童家长性别不限。 2. 比赛按"低、中、高"年级组进行评比。 3. 每组评选出一等奖1名、二等奖1名、三等奖2名。
颠乒乓球	1. 必须绕标志物折回。 2. 球跌落要捡回,在哪里掉了球就在哪里起跑,继续颠球前进。 3. 不能抛接,不能抢跑。	1. 以班级为单位按"低、中、高"年级组进行比赛。 2. 每组评选出一等奖1名、二等奖1名、三等奖2名。
赶"羊"回家	1. 必须绕标志物折回。 2. 不能抢跑。	1. 中年级以班级为单位进行比赛。 2. 评选出一等奖1名、二等奖1名、三等奖2名。
二人三足	1. 必须绕标志物折回。 2. 不能抢跑(站在起跑线后接到接力棒后才能跑,不能冲出去接)。 3. 不能抛接接力棒,必须在起跑线交接。 4. 跑动途中若绑带分离或摔倒,必须在原地绑好后或摔倒的地方重新起跑。	1. 高年级以班级为单位。 2. 评出一等奖1名、二等奖1名、三等奖2名。
25米×2往返接力跑	1. 每班限报6名男生、6名女生。 2. 以最后一名冲线为准。	1. 比赛按"低、中、高"年级组进行评比。 2. 每组评选出一等奖1名、二等奖1名、三等奖2名。

(二)"开心赛事"的评价要求

在"开心赛事"的活动中,我们注重对赛事的组织、过程、感受等方面的评价,注重过程性评价(见表6-4-6)。

表6-4-6 "开心赛事"评价表

评价项目	评价要求	得分
比赛意义 25分	1. 激发儿童参与体育运动的兴趣。 2. 提高儿童身体素质,培养儿童的竞争意识和合作精神。 3. 为儿童提供展示体育技能和个性的平台,促进体育教学与运动实践有机结合。	
比赛内容 25分	1. 形式多样,符合各年龄段儿童的身心发展特点。 2. 项目具有一定的趣味性和挑战性。 3. 能够和体育教学相结合,渗透安全知识教育。	
比赛过程 25分	1. 儿童积极参与,主体作用发挥得好。 2. 淡化成绩,注重健身。 3. 教师管理有方,儿童活动有序。	
比赛效果 25分	1. 能够提高儿童体育锻炼的参与度,营造良好的校园体育文化氛围。 2. 能够让儿童展示课堂上学到的运动技能和方法。 3. 能够培养儿童的竞争意识、协作精神和公平观念。	
优:100—90分　良:89—70分　合格:69—60分　待合格:60分以下		总分

五、建设"开心社团",突破课堂时空界限

基于"追寻体育的快乐,感受健康的魅力"的课程理念,我校"开心社团"课程的开发与实施沿着规范化、制度化、品牌化的发展之路,切实保证社团课程时间、社团课程开发与审批、监督管理等重要环节,以儿童的自主选择、实施为主导,以教师的组织、引导、服务为手段,以学校的支持、引领、制度为保障,充分体现儿童的主体性。

(一)"开心社团"类型

"开心社团"都能以儿童为主体,在儿童的成长过程中,关注每一位成员,使他们在增长自身身心健康知识的同时,关注他人的身心健康,并通过各种互动活动,使健康意识深入每一位儿童,为促进我校儿童全面、健康的发展起到积极的作用(见表6-4-7)。

表6-4-7 "开心社团"之社团表

篮球社	1. 运球,双手胸前传、接球练习。 2. 运球急停投篮,三步上篮训练。 3. 跑、跳、投基本功训练。 4. 篮球小组比赛。
乒乓球社	1. 乒乓球球性训练,老师陪儿童练习反手推挡、正手进攻训练。 2. 基本功训练及体能训练。 3. 接发球及进攻训练。
羽毛球社	1. 了解羽毛球知识。 2. 学习正反手握拍法及准备姿势。 3. 正手高发球训练。 4. 正手击高球练习。 5. 复习正手发高球和击高远球。
足球社	1. 前脚掌拖拉球练习。 2. 外脚背运球训练。 3. 脚弓传球练习。 4. 大腿颠球及脚背颠球练习。
啦啦操社	1. 了解啦啦操的起源、分类及特点。 2. 练习啦啦操基本技术和32个基本手位动作。

(二)"开心社团"的评价

我们对"开心社团"课程从以下三个维度进行评价,即审定社团"开团"资格、专家评委观摩团以及"体育监督员"。"开心社团"的"开团"资格审定由学校政教处负责组织,从社团实施方案的可行性评估、儿童对社团的反馈两方面进行。专家评委观摩团每周各由三位教师和两位家长轮流组成,侧重于社团教学评估或是社团活动现场评估,根据评价量表给出分值,同时收集社团实施的亮点,并提出改进意见。学期末,向儿童发放调查问卷,通过团员访谈、社团成果展示、档案查看等形式,结合专家评委观摩团的评价结果,评选出优秀社团。具体来说,我校"开心社团"的评价表如下(见表6-4-8)。

表6-4-8 夏园小学"开心社团"评价量表

评价指标	评价标准	分值	得分
组织建设 30分	社团具有健全、完整的管理机制,社团课程规划科学、合理。	10	
	定期对儿童进行多元化综合评定,有记录。	10	
	能热心于儿童社团的发展,并定期、有效地指导儿童社团开展活动。	10	
儿童活动 30分	符合儿童身心发展规律,形式多样。	10	
	能够组织儿童参加校内、外的交流展示,取得良好的教育效果。	20	
社团成效 40分	能够丰富儿童的课余生活,拓展儿童的认知和能力。	20	
	能够培养儿童独立思考、团结协作的精神。	20	
优:100—90分	良:89—70分	合格:69—60分	待合格:60分以下	总分

综上所述,我们以助推每个孩子走向丰富多彩的体育世界为课程追求,用"开心课堂""开心课程""开心大课间""开心赛事""开心社团"打造让每个儿童身心发展、开心学习的活动平台,促进儿童的健康发展。课程开发之路任重道远,我们将不负众望,在实践中砥砺前行。

(撰稿者:古丽敏 秦亨健)

后　记

《扎根性变革：学校课程发展的文化路径》由广州市黄埔区夏园小学品质课程小组组织编写，孙文倩校长担任主编。杨四耕教授对书稿的修改、完善给予了悉心指导，提出了修改建议；在广州市黄埔区夏园小学的组织下，校内一线优秀教师通读本书稿，保证了课程的适切性；在试行本书关于课程发展文化路径的过程中，学校给予了大力支持，为本书质量的进一步提升提供了保障。

华东师范大学出版社承担了本书的编辑出版工作，在组织编写、试用等方面给予了全方位的协助。广州市黄埔区夏园小学品质课程小组全体同仁始终是本书编写的中坚力量。

对本书的编写、出版提供过帮助的同仁和社会各界的朋友还有很多，在此一并表示诚挚的谢意。期盼使用本书的广大师生、家长提出宝贵意见，我们将集思广益，不断修订，使本书趋于完善。

本书编写组
2022 年 12 月

"品质课程"阅读书目

学校整体课程规划
学校整体课程规划的七个关键
教学诠释学

特色学校聚焦丛书

让个性自然发荣滋长:"引发教育"的理论寻源与实践探索
面向每一个生命的教育
让每一个生命澄澈明亮:"小水滴"课程的旨趣与创意
新劳动教育:时代意蕴与实践创新
自信教育与个性生长

跨学科课程丛书

像博士一样探究:PHD课程的创意与探索

核心素养导向的课堂教学丛书

深度教学的内在维度:数学反思性学习的六个策略
具身学习的18种实践范式
课堂是照亮彼此的地方
以学习为中心的课堂范型
简练语文:教学主张与实践智慧
课堂核心素养

特色课程建设丛书

幼儿园特色课程的框架与实施
课程是鲜活的:"大视野课程"的旨趣与活性
指向核心素养培育的学校课程图谱
让儿童生活在美的世界里:幼儿园全景美育的课程探索
核心素养与学习需求:学校课程建设导引

课堂教学新样态丛书

课堂,与美最近的距离:基于学科核心素养的课堂教学变革

协同教学：意蕴与智慧
决胜课堂28招
一百个孩子，一百个世界：基于差异的教学变革
课堂如诗："雅美课堂"的姿态
在教室里眺望世界：基于BYOD的教学方式变革
课堂教学的资源设计与方式变革
境脉教学的实践范式与创意设计

学校课程变革新取向丛书

平衡性变革：学校课程建设新取向
解构性变革：学校课程发展的突破口
赋权性变革：提升学科领导力
整合性变革：特色学科的内在生长
内生性变革：学科课程的生成机理
审美性变革：学校课程的诗意境界
协商性变革：基于集体审议的课程变革
扎根性变革：学校课程发展的文化路径

课程育人新坐标丛书

学校课程的统整之道
教室里的课程
儿童立场的课程探索
童味园课程：这里有最难忘的童年
具身课程：语文学科课程新样态
让每一个孩子体验创新的激情："智慧树课程"的探索与实践
境脉学习：英语课程实施新取向
美学取向的课程探究
学科实践：语文素养的致获

学校整体课程探索丛书

学校整体课程的文化逻辑
学校整体课程的深度实施

课程治理新范式丛书

以学生为中心的教育治理